“互联网+”背景下英语教师专业发展研究

李霞　邵林　徐敏◎著

吉林文史出版社

图书在版编目（CIP）数据

“互联网＋”背景下英语教师专业发展研究 / 李霞，邵林，徐敏著．— 长春 ：吉林文史出版社，2023.1

ISBN 978-7-5472-9207-5

Ⅰ．①互… Ⅱ．①李… ②邵… ③徐… Ⅲ．①高等学校－英语－教师－师资培养－研究－中国 Ⅳ．①H319.3 ②G645.12

中国国家版本馆CIP数据核字（2023）第014348号

“HULIANWANG+” BEIJING XIA YINGYU JIAOSHI ZHUANYE FAZHAN YANJIU

书　　名 “互联网＋”背景下英语教师专业发展研究
作　　者 李　霞　邵　林　徐　敏
责任编辑 陈　昊
出版发行 吉林文史出版社有限责任公司
地　　址 长春市福祉大路5788号
印　　刷 北京四海锦诚印刷技术有限公司
开　　本 787mm×1092mm　1/16
印　　张 10
字　　数 222千字
版次印次 2023年1月第1版　2023年1月第1次印刷
定　　价 52.00元
书　　号 ISBN 978-7-5472-9207-5

前 言

目前，人类已经迈进了以数字声频、视频和全球性网络为标志的“互联网 +”时代，信息技术的快速发展对英语教学提出了新的要求。在此背景下，首先，英语教师不仅要考虑如何教的问题，更需要考虑学生如何学的问题。在设计信息技术英语教学方案时，教师需要更多地从学生的角度考虑问题，转变角色，真正体现以学生为主题的教育思想。教师是课堂教学的组织者，学生则是学习的真正主人。其次，英语教师要将信息技术与课程结构、课程内容、课程资源以及课程实施等融为一体，使信息技术成为课程和谐自然的有机组成部分，以提高学习效率，更好地完成课程目标。英语教师在运用信息技术实现英语课程整体优化的过程中，也能获得自身的专业发展。

基于此，笔者撰写了《“互联网 +”背景下英语教师专业发展研究》一书，在内容编排上共设置六章：第一章作为本书论述的基础与前提，分析教师专业化及其发展意识、英语教师的专业知识结构与能力、英语教师专业发展及其要素、“互联网 +”背景下英语教师专业成长；第二、三章探讨“互联网 +”背景下英语教师核心要素与多维体系发展；第四、五章论述“互联网 +”背景下英语教师专业发展能力与策略；第六章站在创新的角度，研究“互联网 +”背景下英语教师专业发展实践。

本书基于英语教师专业发展的视角，从实用性出发，并考虑英语教学的特点，探究了英语教师如何利用互联网技术为英语教学服务。本书做到了理论与实践的结合，内容丰富，通俗易懂，实用性极强，可作为大学英语教师以及大学英语教学研究者的参考资料。

在撰写本书的过程中，笔者参阅了大量有关“互联网 +”技术与大学英语教学的图书和期刊文献，同时为了保证论述的全面性与合理性，本书也引用了许多专家、学者的观点。在此，谨向以上相关作者表示最诚挚的谢意，并将相关参考文献列于书后，如有遗漏，敬请谅解。由于笔者水平有限，加之时间匆促，书中如有疏误实属难免，恳请同行专家和读者不吝指正。

目　录

第一章 “互联网+”背景下英语教师发展审视

第一节 教师专业化及其发展意识解读

一、教师专业化

根据教育资源信息中心资料库辞典中的解释，专业发展是提高专业化事业成长的活动，这样的活动包括个人发展、继续教育、在职教育以及同伴协作。尽管对教师专业发展所使用的词汇和理解的角度不尽相同，但是教师专业发展的概念大多是从两个角度来阐述的：一是从教师个人心理的角度来解释教师的专业成长过程；二是从教师受教育的角度来解释促进教师专业成长的过程。因此，“教师专业发展可以理解为教师的专业成长或教师内在专业结构、专业素养（包括专业心理）不断更新、完善的一个动态的发展过程”。①

教师专业化的提出，改变了人们对教师的传统看法，真正把教师和教学看作一门专业，这不仅是认识的重大转变，同时也对实践产生了影响。随着教师专业化研究的兴起和发展，以及对教师专业化认识的深入，世界各国都把教师专业化作为提高教师整体素质的目标和方法。很多国家明确提出了教师专业化的要求，并围绕这些要求进行了大规模的教学改革活动，形成了世界性的教师专业化改革。总而言之，教师专业化包含两方面：一是教师地位的改善；二是教师实践的改进。在教师专业化过程中，教师职业成为社会公认的专业，教师也因此获得专业人员的社会地位。同时，教师专业化对教师的工作提出了许多类似于其他更为成熟的专业的要求，更加规范了教师的工作，促进了教师实践水平和教学效能的提高。

对于学科教师而言，教师的专业化，可以理解为教师在严格的专业训练和自身不断主动学习的基础上，逐渐成长为一名专业人员的发展过程。这一过程的实现，不仅需要创造良好的外部环境，如为教师提供上岗前训练和在职培训的机会，确立严格的教师选拔和任用标准，建立教师专业组织和制定教师专业规范等，而且需要教师自身主动的努力和追求，以促进和提高自身的专业能力。在教师专业成长的过程中，其自身努力和外部推动互相促进，相互作用，缺一不可。

---

① 陈仕清：《英语教师专业发展新路径》，广西教育出版社 2012 年版，第 2 页。

（一）教师专业化的内在要求

作为教师个体，要成为真正意义上的专业人员，还要从职业道德、专业能力和劳动形态上不断提升自己，达到如下要求：

第一，在职业道德要求上，从一般的道德要求向教师专业精神发展。世界各国越来越重视教师的专业精神培养，把教师专业精神的培养看作是做好本职工作的重要保证和内在动力。原因在于，只有当教师具备了崇高的专业精神，他们才会在各种环境和条件下，把自己所从事的工作与社会发展的未来联系在一起，与每个学生的生命价值和每个学生家庭的希望与幸福联系在一起，才会对自己的工作充满责任感和使命感，把一生都奉献给自己所钟爱的教育事业。

第二，在专业知识和能力要求上，从"单一型"向"复合型"发展。科学技术的综合化，教育的社会化，教育、科研的一体化，都要求教师具有较为深厚的科学和人文素养。传统上只能教一门学科的教师，未来将无法适应教育的新要求。新的时期教育要求教师一专多能，知识面宽广。

第三，在劳动形态要求上，从"教书匠"向"创造者"发展。教育是创造性的劳动，机械地操作、简单地重复已无法满足新时期教学工作的需要。教育对象千差万别，教育内容纷繁复杂，教师个人素质迥异，教师的劳动不可能千篇一律。教育时机的把握，教育矛盾的解决，都需要教师做出正确、及时的判断，同时采取明智的措施，力争取得最佳的教育效果。

（二）教师专业化的发展阶段

1.福勒的教师教学关注阶段论

教师专业发展阶段的研究，始于福勒所进行的教师职前"关注探究"。福勒指出，一个教师的成熟发展必须经过四个阶段：

（1）任教前关注阶段。这个阶段教师的主体是在校的师范生，他们在这一时期仍然自认为是学生的身份。他们在实践教学经验较少的情况下只关注自己，甚至抱有敌意地看待为他们上课的教师。在这一阶段，他们仅仅想象自己作为教师的角色。

（2）早期关注生存阶段。这个阶段师范生首次接触教学实践，自己的生存问题是他们主要关注的。因此，他们会对自己控制课堂的情况和他人评价比较关注，压力非常大。

（3）关注教学情景阶段。教学情景中的限制和诸多问题，开始成为教师关注的问题，他们会考虑学校是否将他们教学的相应条件和资源提供给自己。但自己的教学表现仍然是他们关注的中心。

（4）关注学生发展阶段。这个阶段他们已经有灵活应对的能力，开始关注学生的需求与发展。经过了前三个阶段，他们已经对自己的工作任务和教学情景十分适应。所以他们拥有余力关注学生的学习成果和心理。但许多教师可能从来没有进入过第四阶段。

福勒研究教师关注阶段的成果，使人们了解到教师从个人到成为教师是按照递进的形式发展的，教师的关注点在不同的发展阶段会有所变化。

2. 费斯勒的教师生涯发展循环论

费斯勒的教师生涯发展循环论认为，教师的发展轨迹并非一种直线式的阶段模式，而是一种可循环的、可重生的发展系统。教师的发展是个人环境（家庭影响、成长经历、重要事件、个人气质和个体经验等）、组织环境（学校自然环境、人际环境、专业组织机构、管理风格和社会期望等）和生涯环境（职业引导、能力建立、职业热情、生涯挫折等）相互影响和作用的结果。教师专业发展可划分为以下阶段：

（1）职前准备阶段。特定角色准备期，接受师资培训阶段。

（2）入职阶段。初任教师的前几年，教师要实现教育系统社会化，并学会做教学日常工作，努力寻求学生、同事、学校领导的认同。

（3）形成能力阶段。教师努力增进教学技巧和能力，设法求得新的教学材料、方法和策略。易接受新的教育观念，积极参加专业学习。

（4）热心和成长阶段。继续追求专业成长，热爱教育工作，热心教学改革。

（5）职业受挫阶段。教师对教学产生挫折感、倦怠，工作满足感逐渐下降，怀疑自己选择教师的工作的原因。

（6）稳定和停止阶段。在此阶段的教师缺乏进取心、敷衍塞责，只做分内事，不会主动追求优秀。

（7）职业泄劲儿阶段。在此阶段，教师准备离开教学工作，怀着愉快的或苦涩的心情离开。

（8）职业生涯结束阶段。在此阶段，教师退休、自愿离职或随意地终止工作。

费斯勒的教师生涯发展循环论对教师发展的阶段描述提供了一个较为完整的纵贯教师生涯的理论架构。更为突出的是费斯勒借用社会学的研究方法，将教师的发展回归到教师的现实世界中去。总而言之，费斯勒的教师生涯循环论无论是对于完整的教师生涯进行规划，还是依据教师各个发展阶段对其提供辅助支援，都具有重要的理论参考价值。

3. 斯德菲的教师生涯发展论

斯德菲的教师生涯发展论以自我实现理论为依据，主张教师的发展分为五个阶段。从人的自我需要的视角分析，每一个教师都希望成为好教师，都有被肯定评价、实现自身价值的需要。

（1）预备生涯阶段。此阶段主要为新任职的教师或重新任职的教师。前者需要三年的时间，才能进展到下一阶段，后者会很快超越此阶段。在此阶段的教师具有的特点：理想主义，富有活力，富有创意，善于接纳新观念，积极进取，努力向上。

（2）专家生涯阶段。此阶段的教师具有任教科目的多方面能力、知识和态度，也拥有多方面的信息。在此阶段的教师具有的特点：具有较高水平的教学能力和技巧；有较高的透视力，可随时掌握学生的动态，并对学生有较高的期望值；能激发自我潜能，达到自我实现。

（3）退缩生涯阶段。此一阶段，又可分为三个小阶段：初期的退缩、持续的退缩和深度退缩。初期的退缩阶段：教师很少致力于教学改革，教学内容年年重复，所教学生表现平平，个性表现沉默、随波逐流。如果适时支持和鼓励，又会恢复到专家生涯阶段。持续的退缩阶段：教师表现出明显的倦怠感，经常批评学校、家长、学生，甚至表现好的教师。他们抗拒改革，个性也变得消极，人际关系不和谐。深度退缩阶段：教师表现出教学上的无力感，甚至有时会伤害到学生。但有些教师本人并不认为自己有这些缺点，具有强烈的自卫和防范心理。

（4）更新生涯阶段，此阶段的教师在开始出现厌烦的征兆时，就采取较为积极的应对措施。如参加研讨会、进修学习等。由于采取措施得当，就会主动致力于吸纳新知识，重新振奋起来，重新回到追求专业成长的状态——预备生涯阶段，但更成熟、更有针对性。

（5）退出生涯阶段——离开教师岗位。由于已经到了退休年龄，教师必须离开教学岗位。一些教师开始安度晚年，而一些教师则可以继续追求生涯的另一个机遇。

斯德菲的教师生涯阶段模式，非常清楚地反映了教师专业发展的特点，尤其是斯德菲的教师职业生涯发展模式中的更新生涯阶段，弥补了费斯勒的教师生涯周期理论中的不足，即当教师处于发展的低潮时，如果外界给予适时、适当的帮助与支持，教师是有可能度过低潮期而继续追求专业成长的。

总而言之，教师成为教育教学的专业人员，要经历一个从不成熟到成熟并贯穿职业生涯终身提高的发展过程，这一专业发展的过程会随着不同阶段的发展，在专业信念、教学关注以及课堂教学行为等方面，体现出不同的特征。这些不同的变化特征研究为教师的专业发展提供了理论依据。

二、教师专业化的发展意识

教师的专业发展意识是教师按照教师专业化的要求，对自己专业发展过程、当前专业发展状态、未来专业发展规划的系统化、理论化的认识。教师专业发展意识是建立在教师的自我认识、职业认同程度和成就动机基础上的综合反映，它对教师的成长和发展起着导向、激励、规划与监督的作用。

长期以来，我国教师职业具有十分明显的稳定性，教师往往被当作促进学生发展的“工具”，其个人需要和专业发展没有受到重视。尤其是青年教师，由于教学时间短，教学经验缺乏，参与重大课题研究或参加学术会议的机会较少，没有形成自己相对稳定的学科研究方向，平淡重复的教学带来厌倦心理。具体表现为专业发展动机和信心不足，自我专业发展意识比较薄弱。因此，加强教师自我专业发展意识的培养，对促进他们的成长与发展至关重要。

（一）专业理想的意识

教师的专业理想是教师对成为一个成熟的教育教学专业工作者的向往和追求，它为教师提供了奋斗的目标，是推动教师专业发展的巨大动力，对教师未来的发展有着重要影响。教师的专业理想作为教师对其职业的理解与追求，涉及教师对教师专业的热爱程度、工作积极性的维持和专业动机的发展。具有专业理想的教师，对教学工作会产生强烈的认同感和投入感，愿意献身于教育事业，并致力于改善自身的教育素质，以满足社会对教育专业的期望，努力提高专业才能、专业服务水平和能力。教师的专业理想容易受专业活动的自主程度、学校对教师的专业支持和帮助以及领导的教育信念等因素的影响。学校是实现教师专业发展的最重要的场所，学校领导要帮助教师确立专业理想，培养教师的专业发展意识。

（二）反思科研的意识

教师成长的简洁公式为：教师成长 = 经验 + 反思。如果一个教师仅仅满足于经验的获得，而对经验不进行深入反思，他的工作只是在经验基础上的重复，不会有本质上的进步。可见，反思能力在促进教师的专业发展中具有十分重要的意义。只有当教师了解了自己的专业水平，认识到自己专业发展的优势和不足时，才能做出合理的发展规划，并依照规划逐步提升自己的专业水平。通过记录日常专业生活中的关键事件，借此与自我专业发展保持对话，及时发现发展中的不足，并对未来的发展规划做出适当的调整，长此以往，教师在专业化发展的过程中一定会有所成就。

教师能否积极主动地投身于教育科研活动，关键在于教师是否具有科学研究的意识。培养教师科研的意识是教师从事教育科研工作的前提。在思想上，教师要重视教育科学研究；在理论上，要加强教育学、心理学、教学论等理论学习，掌握教育科研方法，为教育科学研究提供理论指导；在实践上，要从科研意识的外延入手，通过对问题意识、思考意识、责任意识、创新意识的培养，达到提高科研意识的目的。

（三）学习专业发展理论的意识

教师专业发展理论不仅是促进教师专业发展的理论依据，而且对教师自身的专业发展有着重要的启发意义。加强对教师专业发展阶段理论的学习可提高教师专业发展意识与能力，使教师清晰地意识到目前的发展阶段和水平，正确认识自我、分析自我、评价自我，并在此基础上确立具体的成长目标，把握关键因素，制订出具体可行的操作方案，并在执行方案的过程中不断进行调整和完善。

具有自我专业发展意识的教师，有着强烈的专业发展意识和动力，能自觉承担专业发展的主要责任，通过自我认识、自我反思、自我设计、自我调控、自我活动，达到专业发展的目的。他们能随时保持对自己专业发展的关注，依照自己过去专业发展的轨迹和目前的实际，提出今后的发展规划，自觉地利用、发现、创造机会和条件，自觉发掘专业生活中的有利因素，使自己的内在专业结构不断更新，专业水平不断提升。

第二节 英语教师的专业知识结构与能力

教师专业知识结构和能力结构的深入分析，有助于教师正确评价自己的知识与能力，从而找到提升自己专业能力的发力点和突破口。

一、英语教师的专业知识结构

（一）英语教师的语言知识

英语教师应具备扎实的英语语言知识基础，有较强的运用英语进行有效的听、说、读、写、译等交际活动的能力。如果没有较强的专业水平，他们就无法胜任英语教学工作。英语教学的特点决定了英语教师必须有扎实的语言基本功，尤其是要掌握标准的语音和语调。英语教师准确而流利的口语能有效培养学生的英语语感，同时也能在无形之中激发学生的学习兴趣和热情，让学生在一种接近真实的语言环境中习得英语知识和能力。当然，英语教师的阅读、写作和翻译等能力也是他们成为英语教师的必备条件。

（二）英语教师的文化知识

作为英语教师，不仅要精通英语语言知识，还要学习和掌握普通文化知识，做到专业的同时又博学。英语是一门工具性的学科，它的内容涉及社会科学、自然科学等方面的知识。为了满足教学的需要，英语教师应积极主动地拓展自己的知识面，广泛涉猎自然科学、社会科学等方面的知识，让自己成为一个真正受学生欢迎，能够给学生带来人生启迪的博学多识的英语教师。

（三）英语教师的操作性知识

通过怎样的方式，运用何种技术手段使教学过程变得生动有趣，使学生易于掌握和吸收所教知识，使学生形成有效的学科能力，也是教师所需要掌握的知识。这些知识被称为操作性知识。操作性知识对于提高教学效能具有十分重要的意义。教师可以通过学习教育学、心理学、教学论等课程获得此方面的知识。当然，教师自身的刻苦钻研、积极感悟、同行之间的互相切磋和模仿也必不可少。在实践中，很多教师在学科性知识和普通文化知识上差距较小，教学效果却相差悬殊，究其原因，与某些教师的操作性知识的欠缺大有关系。

在英语教学中，多媒体和网络技术的应用有着十分突出的地位。英语教学的过程就是帮助学生习得英语听、说、读、写、译的能力的过程，而这些能力的习得，若能借助多媒体教学平台和网络技术，将会事半功倍，成效显著。在新的技术条件下，英语教师应改变仅仅依靠课本、粉笔、黑板和教师讲、学生听的教学方式，综合运用多媒体和网络技术，运用个性化、生动化的课堂教学新方式，促进学生英语综合素质的有效提高。

（四）英语教师的个体实践知识

教学方法运用得恰当与否，取决于教师对教材和学生的特点把握是否到位，同时也受教师本人的教学风格的影响。教学的艺术性和创造性正是教师个人对于教学的理解和把握，以及根据教学场景的变化而表现出的随机应变的智慧。这些智慧就是教师的个体实践知识。教师个体实践知识的获得常常要经历十分复杂的过程。要有效获得这种知识，教师不仅需要有深厚的理论功底，还需要在实践中不断积累经验，不断创造性地运用教育教学理论解决教育实际问题。因而，个体实践知识是区分优秀教师和一般教师的主要标志。英语教师扎实的语言基础、标准的英语发音、丰富的普通文化知识、熟练的多媒体技术的运用、独特的个性魅力等，都是教育智慧得以产生和发展的肥沃的土壤。每一名英语教师都应该努力去追求，并努力培养具有自己独特个性魅力的教学风格，使自己成为真正意义上的教学名师。

当然，以上对于教师的专业知识体系所做的分类只是相对的，学科知识、普通文化知识、操作性知识和个体实践知识并非截然分开的知识类别，四者之间互为条件、互相支撑，只有把它们进行有机的渗透与整合，教师专业自主发展才会顺利展开，教学效能才能得到真正的提高。

二、英语教师的专业能力结构

英语教学作为一个专业，要求英语教师应具备相应的能力结构。作为专业人员，英语教师仅有一些静态的专业知识是不够的，还需要具备把知识运用到教学过程中的能力。尤其是在当前信息社会和课程改革的背景下，教师所需要的专业能力比以往任何时候都要多，其能力结构主要包括以下两个层次：

（一）英语教师的基础性能力

任何一门专业都对从业人员有一个基本的能力规定，这些能力就是该专业的基础性能力。英语教师作为承担英语教学任务的专业人员，从其所面对的对象、工作的场所和内容，以及追求的目标等方面来看，至少应该具备以下三方面的基础性能力：

1. 教学沟通能力

现代教育教学理论已经不再把教学看成是知识输出和接受的过程，而是师生之间交流和对话的过程。所以，教育的过程实质上就是师生沟通的过程。在日常教学中，同一堂课，相同的教学内容，面对相同的学生，课堂的效果也是不同的，其主要原因是教师沟通能力存在差异，无效或低效的沟通直接影响了教师的教学效能。因此，沟通能力对于教师来说是最基础的能力。

英语教学尤其需要沟通和交流。学生英语能力的习得往往需要师生之间的充分互动，互动的过程其实就是沟通交际的过程。如果教师缺乏此方面的能力或此方面的能力较差，教学效果的不理想是可想而知的。教师要实现有效的沟通和交流，必须从心底里树立以学生可持续发展为本的思想，在教学中充分发扬民主，公平地对待每一名学生，耐心倾听每一名学生的心声，同时要注意沟通时的语言技巧，让学生乐于沟通，乐于参与课堂学习，进而热爱英语教师，热爱英语学习。充分有效沟通和交流的教学才是有效的教学，具有有效沟通和交流能力的教师才是真正胜任教学的专业教师。

2. 教学设计能力

面对一个特定的教学任务，教师如何组织教材，如何设计教学程序，采用何种教学方法和技术来开展教学显得尤其重要。好的课堂设计可以使课堂教学跌宕起伏、妙趣横生，可以紧紧抓住学生的注意力，激发学生求知的欲望。

教学设计能力的高低与操作性知识的丰富与否是密不可分的。但是，操作性知识丰富并不意味着教学设计能力强。英语教师要有意识地加强有关教学设计的研讨，不同的教学设计理念、不同的教学活动的选择、不同的教学媒体的运用都会在很大程度上影响教学效果，影响学生英语能力的习得、巩固和提升。

3. 教学监控能力

一堂课能否顺利展开，能否取得预期的教学效果，不仅有赖于教师的沟通能力和教学设计能力，而且还与教师的课堂管理能力密切相关，这种课堂管理的能力就是"教学监控能力"。教学监控能力是教师的核心能力。

在一个有数十名学生的教学班，没有很强的课堂监控能力而要实施有效的课堂教学是不可能的。如何有效地推进各种教学活动，如何确保各类学生在学习过程中都在各自的起点上获得应有的进步，如何确保小组合作学习有效实施等，都需要英语教师有很强的能力去掌控。这种教学监控能力其实是一种综合能力的体现，它没有明确的章法可以遵循，运用之妙，存乎于心，但要做到随机应变、游刃有余确非易事。

（二）英语教师的发展性能力

世界是变化发展的，教学也在不断变化和发展。对于教师而言，不存在一成不变的教学知识、方法和手段，教师的知识和能力需要随着时代的发展和变化而不断更新。例如，在多媒体进入课堂教学以前，教学中使用的多是黑板、粉笔及一些纸质的材料，教师有无电脑操作能力和信息处理能力并不会过多地影响教学的实施。然而，时至今日，随着现代教学技术手段的革新，多媒体的使用频率越来越高，这些变化对教师的能力提出的要求越来越高。教师是否具备娴熟的电脑操作技能和较强的信息处理能力，往往直接影响到教学实施和教学效能。显而易见，社会的进步给教师带来了新的机遇和挑战。

在信息化时代，学生已不再是以前的学生，部分教师的新媒体的运用水平与有些学生相比已是相形见绌。因为学生都是年轻人，对新知识、新媒体有天生的好感和敏锐的感知能力。学生的知识面和操作新媒体的能力是超乎较为年长的教师的想象的。所以，在信息海量自由流动的今天，教师如果不主动去学习，是难以适应环境变化的。

学生总是期待教师能跟上时代潮流，头脑灵活，思想开放，善于吸收新鲜事物，并运用到日常教学之中，让教学充满时代感，充满国际意识，体现多元文化。如果英语教师做不到这些，无法满足学生的期待，教学自然得不到学生的认同，教学的高效能也自然无法实现。因此，教师要在教育实践中不断汲取新知识，掌握新技能，不断提升自己的发展性能力。教师的发展性能力主要包括以下方面：

1. 英语教师的合作研究能力

教学专业与其他专业最大的区别在于工作对象的不同。教师所面对的不是静止的物体，而是一个个具有主体思维的鲜活的生命，教学的复杂性、艺术性和创造性皆由此而生。看似惯常的教学活动大多没有一点是重复的，教师不断被置于新的教学情境中，不得不面对许多新问题。而这些问题都具有个体性、偶然性和情境性，需要教师自己去反思，去寻根究源，找到解决问题的办法。所以，研究应该是教师工作的一种常态。

培养教师研究能力主要是培养教师的批判和反思意识。教师只有摆脱日常经验的局限，对看似平常的教学现象保持批判的态度，才能发现隐藏在教学现象背后的深刻的教育问题；只有通过日常教学反思，才能以敏锐的目光去捕捉那些教学中值得关注而又易于忽略的细微之处。不做研究和反思，简单重复已有的教学经验，是许多教师专业能力退化、教学效能低下的重要缘由。因此，只有教师自己才能改变自己，只有当教师意识到自己经验的局限性，并通过反思进行批判、调整和重构后，才能形成先进的教育理念，才能总结出有效的教育方法。

当然，教师的研究需要与同事的沟通和合作。教学工作的特殊性和复杂性，决定了教师仅仅依靠个体反思难以实现真正意义上的专业发展。教师需要与同事一起合作，共同发现问题和解决问题。因而，合作应该是教师研究的主要方式。培养合作能力需要教师有平等开放的心态，有不耻下问、乐于助人的精神，有不计个人得失，把促进学生发展作为教学唯一目的的教育信念和责任感。

教师的合作研究能力会在教学中深深影响学生的合作探究能力，这一方面在英语课堂教学中表现更为明显。有合作研究习惯的教师自然会把这种习惯迁移到自己的课堂教学中去，从而使自己的课堂教学更具亲和力和实际效果。长此以往，教师的习惯也会变成学生的习惯，达到潜移默化的目的。

2. 英语教师的课程开发能力

课程是联系教师和学生的纽带，是教师影响学生的重要载体。课程对学生产生的教育作用的大小，很大程度上取决于教师引导学生理解课程的深度。另外，在新一轮课程改革中，国家确立了新的三级课程体系，即国家课程、地方课程和校本课程，学校被赋予了更多的课程权力，校本课程成为课程体系的重要组成部分。而学校的课程权力能否得到真正的体现，新的课程观念能否在教学实践中得到很好的贯彻和实施，学校能否开发出符合学生需要的、具有学校特色的校本课程，都将依赖于教师是否具备并发挥他的课程开发能力。

3. 英语教师的教学创新能力

创新是教学的核心，教师的创新能力是区别"经验型教师"与"专家型教师"的根本标志。所谓创新能力，是教师根据教学内容、情境和对象的变化，创造性地运用教学理论和教学方法以达到教育目标的能力。创新既遵守基本的教育规律，又不被条框所束缚，使教学过程的空间得到拓展并富有弹性，充分体现教师的教学机智。创新能力的培养不仅有赖于教师教育教学观念的更新，更有赖于教师个体实践经验的积累，以及教师对教育教学理论的辩证理解和对教学方法及手段的灵活运用。创新能力的形成，需要教师有扎实的基础性能力做支撑。脱离基础性能力的培养，没有发展的意识和能力，教师的创新能力也就无从谈起。教师个体实践知识的多少与创新能力的高低有着十分密切的关系。教师要不断丰富个体实践知识，以提高自身的创新能力。

4. 英语教师的知识管理能力

所谓知识管理，就是知识的收集、整理、分析、分享和创造过程。在这一过程中，原有的知识不断被修正，新的知识持续产生，新旧知识不断被保存、积累、转化和重新组合，并获得新的表现形式，使知识发挥比分散状态更高的效能。当前，我们正处于一个被称为"知识迅速增加"的信息时代，各种报纸杂志、数不清的书籍图画，特别是网络信息扑面而来，因此，从海量的信息中迅速将自己需要的知识提取出来，管理好自己的知识系统，随着时代的发展不断更新自己已有的知识结构等，都是提升教师知识管理能力的题中应有之义。

英语教师要逐渐找到适合自己专业发展和教学需要的较为稳定的资料来源，并用于提高自己的课堂教学效能，以免在浩如烟海的网络信息和出版物中迷失自己，从而浪费宝贵的时间。

5. 英语教师的生涯规划能力

当今世界，知识日新月异，学校所面临的教育环境和社会环境正变得日益复杂，教学专业所面临的挑战也日益严峻，教师必须时刻思考怎样才能做一个胜任工作的好教师。教师要根据时代发展，树立明确的、切实可行的专业发展目标，并根据自身所处的内外教学环境的变化，确定并不断调整专业发展的内容和途径。只有对自己的职业生涯进行清晰的规划，才能明确人生和职业的发展方向，清楚地认识到自身的价值，抓住机遇，增强自身的职业竞争力和使命感。

每位英语教师在工作伊始，就应树立自己的职业理想，做好自己的职业规划，确立自己各个发展阶段专业能力的提升目标，并有效地激励自己一步一步地走向成功。有了明确的目标指引和踏踏实实的行动，成为英语教学名师的理想就不难实现了。

当然，无论是教师的专业知识还是专业能力，都不是固定不变的，它们都在社会和教育发展过程中不断被赋予新的内容。这就需要教师随着社会和教育的发展，不断研究新情况、新问题、新要求，做一名研究型教师，不断更新自己的专业知识结构和专业能力结构，跟上时代的节拍，成就心中的职业理想，做一名英语教学名师。

第三节 英语教师专业发展及其要素分析

一、英语教师专业发展的理念

（一）立德树人，师德为先

《左传》中说，“太上有立德，其次有立功，其次有立言，虽久不废，此之谓不朽”。可见，在中国历史上的伦理观点将树立德行视为最高的层次。为人师者，要先正其身、善其德，才能教书育人。师德教育促进英语教师专业发展的实践路径主要包括以下两方面的内容：

1.师德教育与提升教师专业情意相结合

“师德教育要与提升教师专业情意相结合，做到以德立学、以德施教。”① 一般而言，英语教师的专业素质包括三个基本层面，即健全的专业情意、广博的专业知识和娴熟的专业技能，这些基本层面发展水平的高低对于教师专业发展起着重要的作用。专业情意是指教师对所从事的教育教学工作的态度和对其价值、意义的深刻理解，是教师专业发展的内驱力和保障。可见，教师专业情意的提升是师德师风建设的关键。将师德教育与提升教师的专业情意相结合，可以采取以下措施：

（1）增强英语教师的职业认同感和归属感，提升教师的专业情意素养。学校要采取切实措施加强专业精神教育，引导教师积极进取，不断提升自身的专业能力；教师要认识到自己是专业发展的主体，主动寻求发展，制订专业发展规划，加强与其他专业间的合作，以国家战略需求为导向完善自己的知识结构。

（2）学校须定期组织教师培训，促进教师专业情意的持续发展。学校可以举办主题

① 苏丽靖：《大学英语教师专业发展的困境、理念与实践路径》，《现代教育科学》2022年第2期，第117页。

教育读书会，组织教师阅读一些教育学经典、人文经典书籍，如《陶行知文集》《中国古代教育论著选译》《教育的目的》《巴金文集》《平凡的世界》等。引导教师深刻理解教育不仅仅是一种职业，更是一种积极向上的生命期待，一种生命意义的表达与彰显，一种教育人生的真情守望，进而激励自己做一名有情怀、有温度的英语教师，塑造学生健全的人格，培养他们成为知中国、爱中国的复合型人才。

2. 英语教师专业发展以师德教育为基础

师德教育不是简单等同于教师职业道德规范的学习或教师品格的塑造，更多的是蕴含在教师的专业素养之中，通过具体的教育教学实践体现出来的。师德建设要与教师的专业知识和专业技能的发展紧密结合，这样，师德规范才能在专业实践中触动教师的心灵，激发其内心的道德力量。

（二）育人为本，合作对话

培养国家发展急需的高层次人才是教育的根本要求和价值诉求，是教师的责任和使命。英语教师的专业发展要紧紧围绕"为谁培养人和培养怎样的人"这一根本问题，以培养国家建设者和接班人为目标，培养学生成为具有深厚爱国主义情怀的创新型人才，这就要求教师在教育教学中构建"他者性"的师生关系，在和谐互动的对话氛围中引导学生不断提升自己的认知水平。对话作为一种教学方法，是引领学生认识自我、追求真理的有效教学手段。对话式教学认为，师生不是主体和客体的两极，而是构成课堂的学习共同体，它激发了对话者探索真理的责任感，促使师生在对问题的追问中达到相互理解，提升综合能力。

1. 建立"他者性"的师生关系

建立"他者性"的师生关系，教师承担引领对话的责任。勒维纳斯的"他者性"伦理学认为，他者的存在是我之所以为我的先决条件，我的主体性的显现取决于我为他者付出了多少，自我的生存意义通过"爱他人"体现出来。"我"不能要求他人以同样的方式和利益回报，只要求自己承担对他者的责任，因为人类在他们的终极本质上不仅是"为己者"，而且是"为他者"。师生关系就是这种非对称的伦理关系，师生之间不能只谈平等，平等是师生双方人格上的平等，因其角色的差异和任务的不同，教师对学生的发展承担着无限责任，这种责任不是出于利益的计量，回报的考虑，也不是基于法律的约束和制度的规定，而是一种责任的担当。教师作为教育活动的领导者和组织者，必须为学生的成长负责。作为学生，也要承担起对教师的无限责任，如尊重教师、尊重教师的劳动、向教师虚心求教等。这种以"他者性"理论为基础的师生关系是和谐温暖的伦理关系，能促进师生的共同发展。

2. 宽松的教学氛围激活对话意识

（1）教师是对话教学的引领者。一方面，教师作为平等者中的"首席"，要营造自由对话的和谐、宽松和民主的教学氛围，做好课程激发者、指导者和支持者的角色，引领学生主动参与大学英语课程的学习；另一方面，教师要尊重、包容不同学生的差异，善于做倾听者，鼓励学生独立思考并积极表达自己的不同见解。注重与学生的情感交流，激发他们的自信心、尊严感和成就感，并进行适时的点拨、总结和反思，避免让对话教学流于形式；把学生当成平等的研究者，跟学生共享知识学习心得，在自由、愉悦的对话氛围中共同发展和提高。

（2）教师是对话教学的组织者。课程内容是开放、复杂、多元的，由学习者共同开发和创造；课程学习过程是师生共同探索构建多元化知识体系的过程，是知识转化为德行、理性和能力的过程。教师组织学生从自己对课程的不同理解出发，对给定的课程内容不断地进行更新和扩充，使之满足学生和社会发展的需要，从而实现英语课程的实际价值。

（三）能力为重，终身学习

英语教师的专业发展要呼应当前教育发展的规划，将终身学习视为自身发展的内在需要，不断用新知识、新理论和新方法充实和丰富自己，培养出适应时代要求的复合型人才。

1. 教师要做终身学习理念的倡导者

国际化、复合型人才的培养需要英语教师具备多元开放、交叉融合的知识结构。有鉴于此，教师应时刻提醒自己：终身学习是更新知识体系的需要。一方面，在信息高速发展的时代，知识更新的速度不断加快，那种一朝学成而受用终身的观点已无法满足当前社会发展的需求，教师应充分利用各种平台资源展开终身学习。另一方面，科技的发展让教育方式发生了深刻变革。在“互联网＋教育”的时代，各种新颖的教学模式，如慕课、微课、翻转课堂、网易公开课等正在改变着英语教育的方式，也对教师提出了新挑战。如果教师还按照传统的模式进行教学是行不通的，因为授课方法和师生的相处模式已经发生了很大变化。网络教学资源的开放性、丰富性和灵活性意味着知识的获得变得越来越容易，打破了之前师生信息不对等的格局，相应地，对教师的要求也会增多。教师必须有危机意识、导向意识和创新意识，才能从容应对这些压力和挑战。可见，牢固树立终身学习理念是时代提出的必然要求。

2. 教师要做终身学习理念的实践者

《荀子・劝学》中说“学不可以已”，意指人们永远不可以停下追求学问的脚步。英语教师也要以此来督促自己，在心理上和行动上都做模范的学习者：一是主动突破发展困境，进行跨学科学习以拓展专业内涵；二是积极提升自己的学历层次，更好地将教育理论与教学实践紧密结合；三是充分利用现代信息技术，开展自我反思与评价。通过图片、视频、音频等多样化方式记录真实的教学场景，并借助相关分析工具，对教学活动进行深度分析。

除此之外，教师还可以借助网络平台管理课堂教学案例，撰写教学日志，建立教学反思共同体。在教师自我反思的基础上，通过小组讨论、平等对话的方式有效提高教学反思的效果，进而为自己的专业发展方向制订更加明确的规划。

二、英语教师专业发展的要素

教师专业发展是当前我国教师教育的一项重要而紧迫的任务。英语教师专业发展的影响因素，包括英语教师的专业理念、专业发展意识、自我效能感、反思能力，自主发展是教师专业发展的原动力和可持续发展的最理想发展样式。

没有高水平的师资队伍，就难有高质量的教育。在全面提高教育质量的今天，促进教师专业发展已然成为一项重要而紧迫的任务。英语教师专业发展是一个连续、动态地贯穿整个教师职业生涯的过程，这个过程受到多种因素的影响和制约。

（一）英语教师的专业意识

从一定程度上而言，每个英语教师的发展空间大致相同，但最后所能到达的职业生涯高度却存在差异，这主要取决于教师个体自我的专业发展意识，即是否具有专业发展的自主性、自律性和自觉性。正是教师的自我发展意识所扮演的对教师自身专业发展路线的调节、监控角色，才使得教师专业发展构成一个动态发展的循环，促使它朝着积极的方向不断发展。

专业发展意识对英语教师自身心理和行为产生巨大的影响和制约，甚至决定其个体的行为风格和行为差异，对教师的发展起着极其重要的作用。教师专业发展意识越强烈，专业发展的程度也就越高。英语教师自我专业发展意识淡薄，甚至有的教师没有自我发展意识和动机，个别教师存在消极心态，这在很大程度上影响教师自身以及学生的发展和成长。教师不容乐观的读书现状反映了自我发展意识不足，体现出教师发展面临一种非专业状态的可能。因此，要加强英语教师的专业意识，不能让英语教师将自我发展寄托在外部教师培训上。

（二）英语教师的自我效能感

教师自我效能感是教师在进行某种教育教学活动之前，对自己能够在哪种水平上完成该活动所具有的信念、判断或主体自我把握与感受。班杜拉的社会学习理论认为，人们在有了相应的知识、技能和目标后，自我效能感就成为行为的决定因素，它影响人们选择追求的行动的进程；在特定意图中付出多大的努力；在面临障碍和失败时能坚持多长时间；从不幸中恢复的能力；思维方式是自我妨碍式的还是自我帮助式的；在应对高负荷的环节要求时体验到多大程度的应激和抑郁，以及所能实现的成功的水平。

英语教师的自我效能感决定其自身行为、行为的坚持性、行为努力程度以及行为成就，在教师教育行为中发挥着关键作用。教师的自我效能感一经形成将具体影响教师的职业信念和态度、教育教学行为，甚至影响身心健康等，进而制约其自身的发展、教师专业化的形成。自我效能感高的英语教师对职业的认同和情感投入高，对自身工作态度积极，具有较强的自我期望与胜任感，倾向于为自己选择和设定富有挑战性的目标并为之努力，能够取得满意的工作效果和成绩。反之，自我效能感低的英语教师通常认为自己所从事的职业没有太大的意义和价值，往往将教师职业纯粹地看作谋生的手段，被动地去适应教师职业的需要，在工作中缺乏主动性和创造性。自我效能感高的英语教师愿意在教育教学上付出更多的努力，积极主动地适应和改变环境，调控自我，始终相信自己有能力实现目标，寻找解决办法从而获得成功。而自我效能感低的英语教师倾向于把困难看得比实际严重，怀疑自己的能力，常常设想失败带来的后果，对困难的忍受力低，效能信念不坚定，通常知难而退。

班杜拉的社会学习理论认为，个体自身的直接性经验、替代性经验、自身拥有的知识和技能、自尊水平、自信心、意志力、情绪及他人的期望与支持、言语劝说、环境等信息源都在传递着一定的效能信息，影响人的效能水平。基于此，结合教师专业发展和教师自我效能感的内涵分析，影响英语教师专业发展的因素主要分为内外两方面：

1. 自我效能感之内在因素

影响英语教师专业发展的内在因素主要是英语教师自身对职业的认同及基于此而形成的自我角色期望、发展需求及专业实践行为。教师的能动性、主动性和自主性都在教师的专业发展中发挥重要的作用。从教师自身出发，影响教师专业发展的因素主要有以下方面：

（1）英语教师的专业认同度。职业认同是影响个体职业态度和行为的重要因素。教师不能仅将教师职业视作谋生的手段，而应该将其视为生活不可缺少的重要组成部分，让自己热爱这份职业。英语教师既然选择了英语教学和科研作为自己的职业，就应该认同英语、热爱英语，对英语教学的价值抱有积极的看法，这样教师的自我效能感就会得到提升，对教师的专业发展产生积极的影响。

（2）英语教师的专业自主发展意识。教师的主动性和能动性是教师专业发展不可或缺的内在动力，这要求英语教师具备较强的专业自主发展意识。英语教师须积极追求专业知识、专业情感、专业能力等各方面的不断提升，积极面对教育教学中的变化与挑战，在实践中不断学习新的教育理念，探索、修正自己的教育教学行为，提高教学实效。尤其是英语后续课程的开设和实施需要教师改变现有的让学生顺利通过四、六级考试的教学目标，转向新的教学追求，即提高不同层次和不同专业学生的英语语言水平和综合应用能力，充分发挥自己的积极性和能动性，通过各种途径进行自主学习、培训，促进自身的专业发展。

（3）英语教师在从教过程中的直接经验。英语教师在教学过程中的直接的成功经验能够提高教师个人的自我效能感。例如，在英语后续课程开展的过程中，教师若对某一非英语专业的教学取得成功，就能使其对其他非英语专业的教学充满信心，自我效能感得到很大的提升，进而促进教师专业发展。另外，教师获得成功的经验，其情绪和生理状态也会处于稳定状态，有利于教师专业发展。在教育实践过程中，教师对自己教学成败的归因不同，对其专业发展所产生的影响也大不相同。若将成功或失败归于外因，则专业发展的内驱力就不足；若归于内因，则会从自身找原因，通过自己的主观能动性的发挥去改变、去提升。此外，英语教师宜对自己的专业发展有所规划，在实践过程中取得了相应进步时可给自己一个奖励，进行合理的自我强化，推动自己不断努力，提升自己的专业素养。

2. 自我效能感之外在因素

影响英语教师专业发展的外在因素主要是社会、学校层面对英语的重视程度，同行专业发展现状和大学英语教师专业成长环境等。具体表现在以下四方面：

（1）英语课程的地位。英语课程是学生的一门必修基础课程，这无疑强调了该课程在人才培养中的重要性，但目前在相当一部分学校，依然将非英语专业学生的英语学习定位于通过四、六级考试，忽略语言应用能力的培养和文化知识的普及，并且在英语四、六级通过后，就不重视英语。很多大学只在一、二年级开设英语课，三、四年级就完全脱离英语了。其实，英语教学在整个教学中所处的地位的高低，会对教师对英语教育事业的价值判断产生重要影响，进而影响教师对英语教学的重视程度，并最终影响英语教师的一般教育效能感的高低。

教师自我效能感影响着处于教师专业结构的最高层次的教师教育信念的形成与变化。学校必须将英语课程放在极其重要的地位，重视英语教学尤其是非英语专业的后续课程教学，使英语教师强烈认识到自己的职业使命和职业责任，形成教师职业承诺，认同自己所从事的教师职业的专业价值与规范，并对教育职业产生积极的情感态度和行为倾向。

（2）学校层面提供的专业发展空间。学校作为教师从事教育教学工作、实现专业成长的重要场所，在教师专业发展中不可避免地起着重要的作用。各学校的英语后续课程的开展对英语教师的跨学科知识、多种专业的背景知识提出了更大的挑战。学校给教师提供专业发展平台的重要性正如企业为员工提供进修的机会一样，教师专业发展依赖于学校提供的机会和环境。首先，学校针对课程需要，为本校英语教师组织相关进修培训，或对新招聘的教师进行培训，更新和完善教师专业知识和专业素养。其次，学校应注重校园环境的创设、校园文化的塑造，发挥学校文化这一隐性课程的重要价值，让身处其中的教师潜移默化地接受学校文化的熏陶，朝学校所期待的方向发展。最后，合理运用奖励机制，激励、推动英语教师的专业发展。对优秀的教师、教学成果或科研成果突出的教师给予一定的物质和精神奖励，有助于形成一种榜样效应，吸引更多教师自主进行学习、进修，这对大学英语教学质量的提高将产生重大积极影响。

（3）周边同类人员的专业发展状况。由于替代强化对自我效能感的影响的存在，身边同类人员，尤其是与自己水平相当的人的专业发展状况，会增强或降低英语教师的自我效能感。目前，担任英语后续拓展课程的英语教师，绝大多数人一直都是只教授一、二年级的英语基础课，以四、六级考试为最终目标进行应试教学。现在要教授提升阶段注重英语综合应用能力的后续课程，大多数教师都很难胜任或者就按原来的应试教学来上课。长此以往，就会对教师群体的专业发展产生不利的影响。倘若有教师带头进修学习，取得骄人的教学成绩，获得学校的物质奖励，产生积极的影响，随之就会有更多教师效仿。

（4）英语教师间的协作。校园人际关系的和谐，新、老教师之间的合作，能够共同提高自我效能感，进而推动教师的专业发展。与传统的英语相比较，英语后续拓展课程为促进学生个性化的学习和满足不同专业学生的发展需要，拓展了教学内容。除了原有的语音、语法、词汇、口语、翻译、写作等内容外，还涉及英美社会与文化、英语语言知识和技能在生活及相关行业领域的应用等多方面的内容，这就需要不同领域、不同学科教师之间的相互合作、交流与协助。

首先，英语教师之间应多交流。因为每个人对社会文化知识的积累都是有限的，相互交流学习，能更快拓宽所有教师的知识面。其次，对非英语专业的英语教学要有针对性地涉及专业英语知识的学习和应用，英语教师应该和其教授专业的其他专业课教师多进行交流沟通，了解该专业的知识重点和未来发展趋势，有针对性地给学生提供学习使用专业英语知识的机会。再次，大学英语教师还须与就业指导教师多沟通，以期帮助学生学习和掌握就业时所需的英语应用知识和能力。最后，新、老教师之间应相互帮助。新教师多向老教师请教咨询教育教学的相关问题，经验丰富的教师也应在教育教学等方面主动给青年教师以合理建议和有效帮助。

（三）英语教师的自我反思能力

1. 反思的具体内容

20 世纪 80 年代，世界各国在研究、探索教师教育改革过程中，教学反思理念蓬勃兴起。作为教师专业发展的中心问题，反思这一概念逐步成为教育改革和教师发展的主题词之一，被认为是教师自我发展的重要途径而备受关注，对于教育的整体发展产生了深远的影响。关于反思的认识主要包括以下内容：

（1）反思是对自身心灵状态的知觉或者是对心灵运作即思维活动的注意，是以思维活动的过程为思维的对象，是对思维的思维。

（2）可以将反思看作一种反复思考的过程，一种思想的自我运动，一种把握事物内在本质的思维方式，是“对思想的思想，对认识的认识”。

（3）从哲学和教育学的角度可以将“反思”理解为立足于自我之外的批判地考察自己行动及情境的能力，使用这种能力的目的，是为了促进努力思考以职业知识而不是以习惯、传统或冲动的简单作用为基础的令人信服的行动。

（4）反思是对任何信念或假定的知识形式，根据支持它的基础和它趋于达到的进一步结论而进行的积极的、坚持不懈的和周密的考虑。“序列”与“后果”两个术语是反思型思维的核心。反思型思维是一种根据支持的理由及其所导致的结果，对任何信念和实践进行的积极的、持续的和仔细的考虑，并且思维只有在逻辑上是有序的并且包含对决策后果的考虑才能称得上是反思型的，它既回顾假定与信念以确定它们是建立在逻辑或证据上的，也展望某一特定行动进程的意义或后果。反思型思维者对呈现在他们面前的任何思想观念都持批判的态度。他们权衡各种对立的主张并从中寻求证据，以有助于他们解决疑问与困惑。在这个认识基础上，可以将思维活动分为五步，被称为"思维五步法"：①感觉到的困难；②困难的所在和界定；③对不同解决办法的设想；④运用推理对设想的意义所做的发挥；⑤进一步的观察和试验，引导到肯定或否定，即得出可信还是不可信的结论。

（5）反思是教师以自己的教学活动过程为思考对象，对自己所做出的行为、决策以及由此产生的结果进行审视和分析的过程，是一种通过提高参与者的自我觉察水平来促进能力发展的途径。教学反思不仅仅是教师的一种认知行为，在认知过程中，伴随教师积极的情绪、情感体验，与教师的非认知因素有着密切的联系，教学反思既包括认知成分也包括非认知成分。

（6）教师反思是教师在教育教学实践中，以自我行为表现及其行为之依据的"异位"解析和修正，进而不断提高自身教育教学效能和素质的过程。其主要特征有实践性、针对性、反省性、时效性和过程性。但就教师的知识结构而言，教师反思的意义在于它着眼于获得和改善教师知识结构中的实践性知识，反对传统的教师培训模式只注重一般性知识的传授。而教师系统反思自身实践并从自身经验中学到的知识，就是"实践性知识"，这种实践性知识是教师所固有的实践性话语与思维方式的产物，构成了教师素质的核心。

（7）教师反思的意义包含两个层面：①指向教师专业行为与活动的反思，即教师在教育教学实践中，通过回顾、论断、自我监控等方式，或给予肯定、支持与强化，或给予否定、思索与修正，从而不断提高其教学效能的过程。②指向教师专业成长过程。以教师的专业发展作为对象，引发教师对目前自我专业发展状况和发展水平的思考，促使教师更加明晰自己今后的专业发展方向。

综上所述，教学反思是指教师在教学实践中，批判地考察自我的主体行为表现及其行为依据，通过观察、回顾、诊断、自我监控等方式，或给予肯定、支持与强化，或给予否定、思索与修正，将"教学"与"学习"结合起来，从而努力提升教学实践的合理性，提高教学效能的过程。换言之，教学反思是以探究和解决教学问题为基本点，以追求教学实践合理性为动力，不断提高教师素养和教育教学效能的过程。

反思是教师对自己在教育实践中的行为和产生的结果进行审视和分析的过程。反思是教师专业成长中最核心的部分和最关键的过程。反思不仅能够带来教师教学技能、方法、风格和策略等表层的改变，而且能够带来价值、信念、情感和伦理道德等深层次的改变。

2. 英语教师的自我反思

在教师专业发展的影响因素中，教师的专业发展意识和自我效能感属于意向性因素，是导致教师"是否想要"实现专业发展的关键因素；而教师的专业理念和反思能力属于素质性因素，是教师"是否能够"实现专业发展的前提。教师专业发展是一个不断实施自我监控和自我超越的过程，是内在职业心态的转变、专业视野的拓展、教育能力的提升。教师是教师专业发展的主体，教师个体自主发展是教师专业发展的内因，自主发展依靠教师自身努力来推动专业的持续发展，体现教师个体生命意义和教师职业人的生存价值。因此，自主发展是教师可持续发展的最理想发展样式。基于此，英语教师的自我反思要做到如下方面：

（1）建立自我专业认同。英语教师专业理念的培育要从建立自我专业认同着手。教师对自身职业的认识以及对本职业专业价值的认同是专业发展意识形成的前提，是教师专业理念的根本表现。英语教师要建立专业认同，就要在教育教学实践中通过不断的学习，发展和确认自己的教师角色，了解自身专业发展状态、发展需求，提升自身层次，与专业发展保持同步，愿意为这个职业奉献。

（2）养成自我专业发展意识。教师的自我专业发展意识按照时间的维度分为三方面，即对自己过去专业发展过程的意识，对自己现在的专业发展状态、水平、所处阶段的意识以及对自己未来专业发展的规划意识。因此，英语教师在日常的英语教育教学中要自觉地对自己的专业发展负责，自觉地对过去、现在的状态进行反思，对未来的发展水平、发展方向与程度做出规划，并付诸实施，成为自身专业发展的主人。

（3）提高自我效能感。自我效能感是自我的一个方面，是个体对自己努力的一种主观感受，表现为面临某一活动任务时的胜任感、自信、自尊等。因此，英语教师要提高自己的自我效能感，就必须树立自信心，遇到问题时要进行积极的自我暗示和正面的失败归因。例如，在教育教学中遇到困难和挫折时，要鼓励自己战胜它；在面对教育教学失败时，要冷静、理性地分析原因，既要看到客观事实，也要分析自身的不足，并暗示自己只要坚持不放弃，一定会取得成功。只有这样，才能提高自己的自我效能感。

（4）培养反思习惯。英语教师要进行反思，要把反思当成一种自觉行为、一种习惯。教育实践是一个复杂、动态的过程，为保证教育教学活动高质高效地进行，英语教师要主动对教育实践过程进行构建、回顾和审视，提高自我教育调控能力和应变能力；要有较强的问题意识和自我批判精神，及时反思自己的教育教学观念和行为是否适宜，时刻关注学生的学习和发展状态，关注所使用的教育方法和手段，善于捕捉教育教学中的灵感，及时调整教育策略的选择，顺应学生发展的需要，以取得最佳的教育教学效果。

第四节　“互联网 +”背景下英语教师专业成长

一、“互联网 +”背景下英语教师的信息素养要求

第一，掌握“互联网 +”背景下信息技术基本操作。教师信息素养的基础部分是信息技术基本操作，不能对信息技术设备和软件进行良好操作，就难以具有其他信息素养。因

此，教师先要熟悉、了解和掌握信息技术设备的操作。

目前，信息技术基本操作主要包括：①计算机系统的操作与使用，包括最新的移动终端的使用；②信息的检索处理、共享交流，包括网络的基础知识和基本操作、下载信息的加工等；③办公软件的操作与使用，包括文字处理、表格统计工具 Excel 及幻灯片制作演示文稿软件（Power Point）等；④多媒体素材的收集与处理，包括多媒体素材的剪辑，如截取、合并、嵌入等；⑤常用学科工具软件，包括几何画板、物理虚拟实验软件等。

第二，英语教师要学会进行有效信息处理。英语教师仅掌握信息技术操作技能还是不够的，除了技术因素，还要考虑认知因素。因此，教师需要借助信息技术设备、工具和软件学会信息处理。信息处理的过程包括获取信息、管理信息、整合信息、评价信息和创造信息五个部分。信息处理能力的组成要素包括一些认知上的能力，如综合能力、分析能力、决策能力等。

第三，能够利用技术赋能教学。对于英语教师而言，还有一个信息应用的问题，而英语教师信息应用的目的就是能够利用技术赋能教学，让技术真正地在教与学中发挥作用。

第四，情感、态度与价值观。英语教师信息素养不仅包括所罗列的以上部分，还包括信息意识和信息社会责任等方面。情感与态度部分是指教师能够了解信息技术在社会上的地位和作用，以积极主动的心态积极参与到信息活动中去。

二、“互联网 +”背景下英语教师的信息检索能力

信息具有确定性，可以帮助我们减少事件中的不确定性，例如，在进行实验操作时教师提供的操作信息，帮助学生明确实验过程；同时，信息具有复杂性和个体差异性，这源于信息本身的复杂性，不同个体对数据、消息的理解和处理不同，所得到的信息也会产生个体差异。

（一）信息检索的阶段

我们产生信息需求后，就需要进行信息检索来获取相关信息。信息检索是人们进行信息查询和获取的主要方式，是查找信息的方法和手段。在生活中，信息检索其实就是信息查询，也是根据信息需要，采用一定的方法，借助一些检索工具，从信息库中找出所需要的信息的查找过程。信息检索主要经历了以下关键阶段：

第一个阶段是手工信息检索行为阶段，主要是人工进行书籍查阅等。

第二个阶段为机械信息检索行为阶段，这个阶段又可以分为早期通过穿孔卡片、选卡机进行检索的机械检索阶段，以及通过未联网的单机计算机进行信息检索和处理的计算机检索阶段。

第三个阶段是网络检索行为阶段，主要通过网络搜索分布式信息，这也是当前人们所使用的主要检索方式。

（二）信息检索的方法

第一，直接法，就是不利用任何形式的检索工具，直接通过原文或文献指引来获取有关信息的方法，主要包括浏览法和追溯法。浏览法是指通过浏览原文直接获取所需要的相关信息。追溯法是指通过寻找参考文献或引文等方式由近及远地进行信息查找的方法。例如，从教材中直接得到信息的方法是“浏览法”，从教材中的引文出发搜寻原文的方法是“追溯法”。

第二，工具法，是指直接使用相关检索工具来检索信息的方法，主要包括顺查法、倒查法和抽查法。顺查法是指在进行课题研究搜寻某一主题相关信息资料时，按照时间顺序，从该主题的缘起发展到了解相关信息的方法。倒查法是指从最近的相关研究着手，从近到远逐步查询的方法。抽查法则是选取某个阶段的信息进行查询的方法。

第三，综合法，也叫作循环法，简单而言就是以上两种方法（直接法和工具法）的结合，相互取长补短，利用多种不同的检索方法进行查询，直到获得满意的信息的方法。

（三）信息检索的工具

第一，搜索引擎。搜索引擎是通过一定的算法和背后的规则设置（相关性、点击率）等，提取我们的信息需求，通过对网络上的资源进行组织和处理，帮助我们进行信息检索，返回相应信息列表的相关系统。网络上的信息浩瀚无垠，而且毫无秩序地分布在各个地方，所有的信息就像是汪洋上的孤岛，所谓的超文本链接就是这些小岛之间纵横交错的桥梁，搜索引擎则像是为我们绘制了一幅一目了然的信息地图，可以供我们随时方便地查阅。其实，一般的搜索引擎都包含一个搜索框的页面，在搜索框中输入信息需求，通过浏览器提交给搜索引擎后，搜索引擎就会返回跟用户输入的内容相关的信息列表。

第二，数据库。数据库主要帮助英语教师进行专业学习和文献检索。网络全文数据库是以期刊文章的全文为数据库对象，并在网上提供全文检索服务的数据库，按数据库的生产机构，可以分为出版商全文期刊数据库和生产商全文期刊数据库。出版商全文期刊数据库主要是期刊出版单位在其出版的印刷期刊基础上所建立的网络期刊全文数据库。生产商全文期刊数据库则是数据库的生产商根据一定的主题或一定的收录范围，整合一定数量的期刊出版物而产生的全文数据库，例如，中国学术期刊全文数据库、中国知网数据库等。

三、“互联网 +”背景下英语教师的信息意识加强

英语教师的信息意识是指教师对于信息是否具有敏锐的感受力、持久的关注力。简而言之，信息意识就是信息敏感程度，也就是能否看到信息，了解其背后的内涵，发现其与我们生活、教学中的关联点，并且持续对其保持关注。简单而言，信息意识其实就是当我们面对不懂的东西、面对我们日常生活中需要解决的问题时，能否积极地、主动地去信息海洋中寻找答案，并且知道用什么样的方法、在哪里可以获得我们想要的内容。当处于被

动接收状态时，我们缺乏对信息的内在需求，而只是一味地、本能地接收信息，对信息并没有进行积极的、主动的处理和加工，这样使得人们对信息的处理效率降低，也难以从已有信息中提炼出新的观点和有价值的内容；而处于自觉活跃状态时，对信息会非常敏感，对信息的内涵挖掘也会很深入，当面对一些需要解决的问题时，也可以积极主动地去信息中获取我们所需要的知识。信息流的不同意识形态使我们有不同的行为，但是，信息意识也不是静态的，当意识到自己的信息意识处于被动接收状态时，也可以通过有意注意等后期调整来改变和提升自己的信息意识。

（一）信息意识的具体作用

第一，能够认识到信息在信息时代的重要作用。随着时代的发展，许多新兴的概念和信息在快速地发展着，教师要在这样的背景中意识到这些信息和概念在当今这样一个信息时代是具有非常重要的作用的。教师在信息时代要时时持有终身学习、勇于创新、尊重知识、注重版权的观念。

第二，对信息有积极的内在需求。每个人在不同的情境下处于不同的角色中，都有着不同的信息需求。当自己是一个新手父母时，可能需要寻求一些育儿信息；当自己作为一名教师在备课的时候，需要寻求相关知识内容的信息，在对学生进行心理辅导时，需要学生心理发展和调节的相关信息；当自己作为社会人身处在"后疫情时代"中，就会寻找一些关于疫情防护、疫情感染情况的相关信息。关键就在于对信息是有积极的内在需求的。

第三，对信息的敏感性和洞察力。如果要对信息保持敏感性和洞察力，教师需要做到：①能迅速地发现信息背后的含义，有效地掌握最具有价值的信息；②善于从微不足道、毫无价值的信息中发现信息的隐藏含义和价值；③善于辨别信息的真实性和可靠性，以判断自己是否可以使用；④善于将信息中所表述的内容与自己的实际生活、教学迅速联系起来；⑤善于从各类信息中找出解决问题的关键信息。

（二）加强英语教师信息意识的策略

第一，持久地、有意识地涉猎不同领域的信息。英语教师可以在日常生活中有意识地接触不同领域的信息，以增强自己对不同信息的接收能力和敏感性。对不同领域信息的捕捉和分析，可以帮助教师快速地掌握信息，即使是自己所不擅长的领域，虽然信息有内容的领域之分，但是对信息的理解力没有领域之分。同时对信息要具有持久的注意力，这种持续的信息关注会成为一种习惯性的倾向，无论在何时、何地，都可以保持对信息的关注，无论是学校的还是社会的、专业的还是非专业的、与教学有关的还是与学生学习有关的信息，教师都需要了解，并且与自己目前所关注和要解决的问题联系起来，帮助教师更好地工作和生活，也帮助教师成为头脑敏捷，善于捕捉、发掘信息并善于创新的"信息人"。

第二，运用多种方法记录自己对信息的想法。教师还可以通过记录自己对信息的分析和想法，不断拓展自己对信息的联想力，同时作为自己的一个小小的信息"库"，可以在自己写报告、备课时翻出来看看，作为一个资源库的补充。当前教师都是通过电子设备进行数字化信息的阅读的，也可以利用多种信息化方法来记录自己的想法和信息，例如，可以利用手机备忘录、Word 文档等文本记录工具来记录，用表格的形式来记录会更加清晰；还可以选择思维导图等知识建构的软件生成自己的可视化信息库，思维导图可以帮助我们更加清晰地看到各个信息之间的联系，并且帮助拓展思维。不管运用何种方式来记录想法，这都会成为今后的动态资源库，也帮助教师不断加强自己的信息意识。

第三，运用理性和感性并存的科学辩证视角分析信息。英语教师可以通过对信息的发散性分析，认识到信息的重要性，提升教师的信息敏感度，增强信息意识。当看到一个信息时，不能只感性地看到事件中所传递出的人文信息，还要评判信息的好坏，同时要结合理性的思维去思考：为何会发生这样的事情；这样的事情代表了社会中的哪些现象；这个事情的未来走向是怎样的；等等。教师要结合感性知觉和理性思考深度辩证地看待信息，并且联系自己，想想对自身的意义和价值是怎样的。

四、“互联网 +”背景下英语教师的信息工具运用

（一）信息呈现工具

信息呈现工具促进学生深度理解。信息呈现方式有很多，除了常见的文字，还有视频、动画、照片、模型图、真实模型等，表现形式不同，自然传达出的内容也有所不同。在信息化教学中，信息呈现工具成为教师教学工作中的得力助手，它们将原本繁杂、无序的信息内容变得形象化，具有条理性。例如，教师使用思维导图绘制教学内容框架，在英语课程刚开始或者即将结束的时候，学生看图即可准确把握文章的整体结构、层级关系及各内容之间的内在逻辑联系，从而快速了解或回顾整堂课内容。

（二）知识建构工具

知识建构工具形成学生的知识结构。学生在知识建构的过程中不仅需要持有“对某一事件的观点、看法”并配合一些“手段的使用”，还需要与学习伙伴进行交流学习，因此，我们十分鼓励在英语教育教学中开展以小组为单位的协作学习。为了让学生更好地开展协作学习，形成知识结构，教师可借助微信、腾讯 QQ 等社交聊天工具，石墨文档、腾讯文档等协同编辑工具，以及语雀、熟客平台等在线协作学习平台，为学生提供更加便捷的服务。

（三）课堂互动工具

课堂互动工具实现有效的师生互动。师生间良好的互动有助于教学活动的开展。教师可以通过学生的反馈及时调整自己的教学步调，进而将教学内容以更加适合学生的方式传授给学生，而学生可以通过与教师、同学互动更好地理解教学内容。以往的互动方式或许缺乏新鲜感，又或许不适合教学，这时技术手段就发挥出了它的优势，如课前签到、限时提问、拍照上传、弹幕交流等。像雨课堂这样的互动软件在市面上还有很多，这些软件虽

然很小，但所具备的功能能让人眼前一亮，为教师创造全新的师生互动模式提供支持。

（四）数据分析工具

数据分析工具帮助英语教师进行精准教学。学生在学习过程中产生的数据尤为重要，它反映学生的学习状态、学习投入程度、学习进度、学习效果等内容。尤其是当前部分城市中小学均无法正常开展线下教学，很多学校需要采用在线教学的方式。教师看不到学生，无法了解学生的学习情况，因此在线教学中就隐藏着一个问题——学情数据分析问题。一方面，部分教师对这些数据缺乏关注，将注意力更多地放在考试成绩上；另一方面，部分教师面对在线教学平台上的庞大数据显得有些力不从心，不会分析。因此，运用数据分析工具对教师来说就变得十分重要，工具可以根据学生参与教学活动产生的行为数据（例如，学习资源使用数据、微课观看数据、与其他同学讨论数据、提问数据等）及学习结果数据（例如，平时小测、作业、考试数据等），为每一名学生自动生成可视化的学习报告，供教师了解学生近期学习状况，帮助教师更好地实现精准教学。

（五）分享交流工具

分享交流工具实现混合式教学。通过分享交流，学生可以表达自己的观点与想法，完善不成熟的地方；通过分享交流，同样可以聆听他人的观点，开拓自己的思维。在线下英语课堂中，教师可以借助老朋友——PPT、希沃交互式电子白板等设备及面对面的交流讨论实现分享。在线上虚拟教学环境中，教师则可以通过钉钉、企业微信等软件中的视频会议、屏幕共享、头脑风暴等功能或者使用微信、腾讯QQ等社交软件开展交流讨论，使异地分享成为可能。

五、"互联网+"背景下英语教师的教学方式创新

（一）"互联网+"背景下英语教师教学方式的创新优势

1. 丰富的信息表现

技术的介入使原本枯燥抽象的知识"活"了起来，文字、图片、动画、视频、声音、虚拟环境等其中一种形式或几种形式的组合，让知识拥有了更多的表现形式，调动了学生视觉、听觉、嗅觉、触觉等多种感官，有利于吸引学生的注意力。例如，近年来被教育工作者广泛应用的微课，以其"短小精悍"的特点被人们所熟知。教师借助微课将抽象枯燥的知识生动、形象地展示出来，营造有趣味、有探究性的环境，激发学生的学习兴趣。然而教师要想自己制作一节微课确实不是一件容易的事情，需要借助文档编辑、音视频录制与剪辑、动画制作等一系列软件工具。

2. 情境化的探究拓展

随着教育研究工作的深入，人们对教育的认识逐渐趋于理性化，在一次次的课程改革、

教学大纲改革中开始意识到以往“教师讲，学生听”“黑板＋粉笔”的常规教学情境已经不能满足学生的学习需求，需要增强课堂的生活性、情境性、趣味性。这时，“互联网 +”背景下的技术就发挥出了自身的优势，为教师提供了新思路。例如，百度地图等地图工具，提供水平方向 360° 及垂直方向 180° 的街道全景，让使用者能观测所选地区街道两旁的景物。

3. 学习数据的精准分析

学生在学习的过程中会产生大量的数据，如各阶段考试成绩、每日作业完成情况、学生学习活动记录等。在以往的英语教学中，这些过程性的数据常常被忽视，教师将更多的注意力放在了学生期中、期末的考试成绩上。此外，在大班化教学中，教师一人要面对数十名学生，甚至是更多，教师要想面面俱到，给每个人都提供个性化、有针对性的教学，显然是有困难的。技术的优势则在于能够处理人工无法完成的海量数据，实现高效的数据采集、结构化的存储及精准客观的分析。在现代化英语教学工作中，技术工具的使用使个性化、精准化教学得以实现，教师借助数据分析工具中强大的信息管理资源库为每一名学生建立学习成长档案袋，记录学习过程中的点点滴滴。

4. 增强课堂师生互动

师生互动是课堂教学的重要组成部分，良好的师生互动有助于增强课堂的学习氛围。通常的互动由教师发起，之后英语教师邀请学生回答问题、协助教师完成某一活动、上台展示或是进行小组合作等。上面提到的这些互动形式在现实课堂教学中十分常见，教师采用起来也是得心应手，然而当真正走进课堂时，就会发现，这样常规的师生互动对学生来说似乎缺乏了“新鲜感”，并不能有效地调动他们的积极性。技术工具的介入则可以为教师开展师生互动提供新方式，市面上存在各种各样的互动工具，如由抽奖装置改造而成的随机点名工具、由视频弹幕互动演变而来的课堂弹幕互动工具等，这样的新型互动方式对学生来说充满着神秘感，他们会带着强烈的好奇心积极地参与到互动中。

5. 虚拟社区的分享参与

科技的飞速发展打破物理时间和空间的限制，学习者不必被局限在严肃的课堂中，在规定的时间段内集中接受学校教育，越来越多的人开始选择在互联网上学习知识。在这样虚拟的学习环境中，学习者们根据学习兴趣、所学课程、个人喜好自行组成学习小组或学习社区，通过电子邮件、视频会议、论坛、腾讯 QQ 群组、微信群聊等形式进行有效的资源共享与信息交流。在虚拟社区中，每一名成员既是知识的拥有者，又是知识的需求者，通过彼此的互动交流实现知识的共享。

6. 促进教师专业发展

当前是一个信息化、网络化的时代，科技的迅猛发展使各行各业都开始转变，教育领域也不例外。在教育朝着信息化方向发展的过程中，教师面临前所未有的挑战，教师不仅要更新自身的教学观念，还要掌握必备的技术能力，例如，学习使用各种先进的软件技术，摸索出一种能够很好地将技术与学科教学融合到一起的教学方法等。除此之外，技术的进步也为教师提供了更加丰富的学习资源，例如，借助微信公众号（“中国微课”“萤火虫数学工作室”等）、教育教学网站（“爱课程”“第一PPT”“教习网”“学科网”等），或是加入相关教学研讨微信群与同领域工作者共同探讨教学问题，以提升自身专业能力。

（二）“互联网+”背景下英语教师教学方式的创新内容

1.“互联网+”背景下的情境学习

当前，随着科技的进步，越来越多的新式工具进入人们的视野，虚拟现实、增强现实、混合现实也逐渐融合到教育领域中，以增强教育的情境性。例如，教师让学生佩戴头盔、眼镜等设备模拟地震、台风等自然灾害情境来进行虚拟现实（VR）安全教育，提高学生的安全意识。在模拟的VR安全系统中，学生可以毫无顾忌地操作，不用担心因操作失误而引起不良后果。

2.“互联网+”背景下的项目式学习

“互联网+”背景下的项目式学习：让学生成为学习的主人。项目式学习旨在通过教师的引导，帮助学生以小组为单位开展基于开放性现实问题的探究活动，而技术的介入为项目式学习活动的开展提供了极大的帮助。项目式学习要求学生在学习过程中独立思考，主动探索新知识。身处“互联网+”信息时代的我们，想知道某种知识十分简单，只要打开浏览器“百度一下”，就能找到与之相关的很多信息。因此，教师在开展教学工作的时候，可以让学生们自己去查阅资料，学生在信息检索的过程中不仅学到了知识是怎样的，还学到了怎样用知识、为何要用知识。此外，项目式学习还强调对学生的信息素养、团队协作能力、沟通能力的培养。身处海量数据中的学生们，在检索查阅信息的过程中，避免不了要对信息的真伪性进行甄别，从中提炼对学习有用的信息，也避免不了与其他人交流互动及分享展示等一系列活动，慢慢地，学生在点滴活动中得到能力的锻炼与提升。

3.“互联网+”背景下的翻转课堂

“互联网+”背景下的翻转课堂：让学生成为自定步调的学习者。美国科罗拉多州的林地公园高中最先利用“翻转课堂”。翻转课堂的实质在于增加学生和教师的互动和个性化沟通，学生进行自主学习，教师是学生身边的导师，对学生提出的问题给予指导和建议。在翻转课堂教学中，所有的学生都能参与其中，所有的学生都能获得个性化教育。翻转课堂的出现无疑为教学工作开启了新的大门，学生成为自定步调的学习者，实现自主化、个性化学习。另外，技术工具的发展也为翻转课堂提供了强有力的保障。

以往的教学中常常会出现课前学习无法监测、学习资源单一、课后复习不到位、作业提交方式不合理等问题，这些问题在现在都可以得到解决：课前，学生通过网络教学平台或者班级群组接收教师发来的学习资料，包括微课视频、学习清单等，预习新课。课中，教师根据学生预习的反馈信息对重难点知识加以回顾，并结合具体问题采用小组讨论或单独辅导的形式解答学生的疑惑。课后，学生再次回到网络教学平台或班级群组中查看课程学习笔记与课后作业，以实现对所学知识的再次巩固。另外，学生还可以在课后借助平台与班内同学、教师继续讨论问题，延续课堂学习。

4.“互联网 +”背景下的泛在学习

“互联网 +”背景下的泛在学习：让学习随时随地发生。在当今信息获取如此便捷的时代，学生可以利用身边的手机、平板电脑、笔记本电脑甚至家里的网络电视进行任何时间、任何场所的学习，而这种不受时间、地点、学习方式约束的“4A 学习”就是常常提到的泛在学习。例如，在英语正式课程教学中，教师借助微课呈现碎片化课前学习内容，学生不论是在晚上学习，还是在白天学习，只要在课前完成预习任务就可以，在时空上学生的学习具有很大的弹性。

第二章 “互联网 +”背景下英语教师核心要素发展

第一节 “教学日志”促进英语教师的专业发展

一、“教学日志”产生的影响与启示

（一）自然主义研究与定性研究的影响

西方自然主义教育思想不仅具有“历史性”，而且影响了现代教育理论的发展，它经历了萌芽、客观化、主观化、心理化四个时期。自然主义教育提倡以人为中心，歌颂赞扬人的意义、尊严和价值，重视人的地位和作用，把发展学生的学习积极性，培养学生的独立思考能力，促进学生的个性发展作为教育目标并给予高度重视。尽管每个阶段的教育研究的角度迥异，但在教育要促进人的身心发展上却殊途同归。他们以各自独特的方式，论证了自然主义教育理论对时代的意义，也塑造了自然主义教育的一些主要特征和取向。人本主义心理学对人的关注与研究，吸引了古代和近代许多有教育智慧的人士的思考和探索，开始关注学生、关注自身、关注自己的主观感受，而“教学日志”正是关注自我、关注学生并达到自我实现的一条有效途径。

定性研究是根据社会现象或事物所具有的属性和在运动中的矛盾变化，从事物的内在规定性来研究事物的一种方法或角度。定性研究注重从研究者本人内在的观点去了解他们所看到的世界，它强调在自然情境中做自然式探究，在自然的情境中收集现场发生的事件的资料，最主要的研究工具是研究者本人。他们在自然的情况下通过和参加者交谈，和被研究者做长期的接触，观看他们的日常生活，自然地、直接地接触被研究对象的内心世界，以期获得被研究者在自然情境中的第一手研究资料。定性研究借以发展知识的方法是通过对个案的深入细致研究来收集以语言信息为主的资料，然后用分析归纳法来研究这些资料，它所研究的是个人创造的意识，研究自然环境中人的行为。定性研究不是采取中立或客观的态度，而是融入自身的情感和经验，这一研究方法在教育中的应用——也就是教育定性研究的发展——说明了“教学日志”的价值。“教学日志”的撰写就是教师对自己内心世界的表白，对自身行为的反思。教师通过反思课堂中自己及学生的表现，可以同时发现自己和学生的闪光之处与不足，通过对这些累积性材料的归纳、分析，可以获得对理念的深

刻理解以及对教学实践的新认识。

（二）后现代主义及现象学的影响

后现代主义这个词最早出现于20世纪30年代和40年代的关于艺术、建筑学和历史学的讨论之中，后现代主义吸收了分析哲学、解释学及后结构主义的研究方法，为教育理论研究注入了一股新鲜的空气，为教育研究提供了新的视角。与现代主义不同，后现代主义强调以语言范式取代以往的意识范式，主张研究焦点从认识主体和意识内容转向对语言学及主体群之间的活动的讨论，这种倾向凸显了以往教育研究中差异性受压抑的问题，从深层次上直接介入语言—权力—知识之间关系的讨论。后现代主义促进了“教学日志”的发展，主要体现在教师在注意学生个体差异的基础上撰写“教学日志”，在教育实践活动中大胆地提出自己的教育观念和想法，用自己的语言来表达自己的观点，而不必受传统教育权威的束缚，体现了后现代主义对人的解放的诉求。

教育研究应充分展示人们在生活中的教育学立场，现象学提出回到事实本身，用还原的方法，描述事情的本质，它关注的是在日常生活中人们发现的所有形形色色的现象，其出发点在于情境，通过对嵌入情境中的典型的意识节点的分析、阐释而言明生活体验，它将日常生活中晦涩、模糊的体验变得清晰，易于解读。与此同时，它将生活经验以逸闻趣事等现象学的写作方式表述出来，既提供体验的情境，同时又在描述中埋藏着经验的本质，从而具有一种人类体验的共通性，使读者阅读时，充分激活他自己的生活经验，引发与现象学文本的对话，获得对这种体验的反思性理解。现象学要求研究者投入丰富的生活中，而非投入概念化的世界中，积极地探究生活经验的各种形态。要求认识主体尽量排除各种无关的价值干扰和偏见，去揭示认识对象的本质。

在现象学的影响下，研究者关注的是研究对象的经历和体验，研究目的是获得对我们日常生活体验的本质或意义的深刻理解，为我们提供了一种从人文视角探索教育的方法论。现象学的这些特征促进了“教学日志”的研究。“教学日志”强调以教师所经历的真实教学情境为内容，通过教师的意识产生意义。撰写“教学日志”的目的在于使教师对教学情境、教学行为能充分地反省与理解，强调教师个人的原始经验。对于教师而言，对生活经验的探究最有效的方式就是通过撰写日志，描写自己的亲身经历，冷静、明智地观察事件，使自己在生活实践中更具洞察力。

（三）教育行动研究与叙事研究的影响

行动研究是教师常用的研究方法之一。行动研究是在一个设定的困难区域内的反思过程，在这个区域内，人们试图提高实践或个人理解。“教学日志”就是教师开展的行动研究，是对行动研究成果的表达方式之一。在这个过程中，教师是主要的研究者，以学校、班级教学相关活动为研究题材，以日常的教学情境为研究的情境，以教学活动的改进为主要目的。行动研究关注的不是学科中的纯理论问题，而是教师在日常教学过程中遇到的问题。教师通过记录自己从事教学工作的所见、所闻、所感，并对此进行分析研究，从而获得对自己工作的比较全面的认识，其目的是解决教学中存在的问题。与此同时，行动研究强调对行动的过程及行动的结果进行理性的思考，强调研究过程与行动过程的结合。换言之，教师在教学过程中不仅要解决问题，还要进行教学研究，形成教学理论。“教学日志”写作的过程也就是教学研究的过程，通过“教学日志”的撰写，教师可以定期地回顾和反思日常的教育教学行为，在不断的回顾和反思过程中，觉察存在的问题，形成自己的教育信念与教学理论。

经验是教师要研究的，用叙事方法来研究，是因为叙事思维是经验的主要形式，也是书写及思维的主要形式。叙事研究是一种多元文化视角的研究方法，对英语教师而言，通过文化视角探讨教育问题可以使其把对教育实践的感受和认识表达出来，“教学日志”就是英语教师表达自身感受的主要形式。

（四）教育对话研究的深刻启示

对话作为一种关于人类生存的哲学命题，近年来被引入教育研究领域。学习活动是建构客观世界意义的活动，是探索与塑造自我的活动，是编织自己同他人关系的活动，通过学习活动，在客体、自身与他人的关系之中形成三种对话实践。教师在教学活动中不断地和他人（学生、同事等）对话、和客观世界对话以及和自己对话。和自己对话就体现在撰写“教学日志”的过程中。在这一过程中，通过自我的内部对话，改造自己所拥有的意义关系，重建自己的内部经验。在同他人对话的过程中，教师更深刻体会到了自己的长处与不足。在撰写“教学日志”与同“他人”沟通的过程中，通过撰写“教学日志”，教师认识客观世界，综合地把握自己的看法；在同他人交流的过程中，又可以发现自己和他人的差异，使自己的认识趋于客观化。教师通过撰写日志来关注自身、关注学生、关注教学及客观世界，从而达到教师自我的专业发展。

二、英语教师“教学日志”的认知

“日志”一词源于法语，是个人一天中可能完成的行程，是对经验和观察的记录，如飞行员的飞行日志、船长的航海日志等，后来该词被运用到教育领域，为学习者或教育者记录一天的学习、生活及专业发展提供了载体。“教学日志”是一种教师个人的记录文件，教师在工作一天或上完一堂课后，用“教学日志”的形式记录自己在课堂教学过程中的感受和体会，以此作为反思的基础；“教学日志”是在课堂仔细观察、课后立即记录的报告，包括课堂上有关教与学的质性材料的收集过程。由此可见，“教学日志”不仅仅是对“生活事件”的记录，还包括教学中对自己有价值的、有意义的事件的记录，是对自身学习、工作的反思。不包括对事件或观点的反思，就不是一篇有效的“教学日志”。教师的教学反思日志是教师记录自己的教学行为，总结教学的得失与成败，对整个教学过程进行回顾、分析和审视，提升教师自我发展能力，完善教学艺术，实现教师自我价值的重要途径。

“教学日志”是教师积极主动地对自己的教学活动中具有反思和研究价值的经验进行的持续而真实的记录和描写，并在此基础上对其进行批判的理解和认识，从而不断更新观念、增长技能，促进自身专业发展的一种手段和方法。“教学日志”具有主动性和连续性。“教学日志”是一种对教师自己的思想变化和行为变化的记录，它不是仅仅记录、罗列教师日常教学生活事件，而是通过写“教学日志”，教师给自己提出一些问题。写日志的过程也是教师对自身教学进行反思的过程，它可以检视自身工作中的不足，从而提出解决问题的方法。在此过程中，教师作为教学实践活动的主体，他的发展必须根植于自身的教学实践活动中，从中获取生动的、丰富的第一手材料，并对其进行加工整理，反思构建自己的教育生活。

总而言之，“教学日志”是指教师对自己的教学经历予以归纳、概括、反思和评价，觉察存在的问题，明示改进的思路和措施，进而不断更新教学理念，促进自身专业的发展。

（一）“教学日志”的基本内容及语言特征

“教学日志”主要记录教师在教学过程中感到对自己有意义的事件、想法和感受，它可以真实、自然地记录教学的情景，自己的观点、情感、理念及变化。通过日志的方式，这些情景、观点和看法将不会因为记忆的有限而被遗忘。教师可以把日志看作是自己教学案例的发展史，它可以包括对教学的评价、预期的结果、未见到的事件、教学的成功之处与不满意或不足的地方。通过日志，教师必然要对自己的教学进行反思，因而使反思成为经常性的行为。

要写好“教学日志”，教师要明确应记录哪些内容，这些内容不是预先设定的，而是对经过的教学实践的回顾与总结。一般而言，“教学日志”可包含以下基本内容：

1. 课堂教学理论

课堂教学理论是力求合理地设计教学情景，以期达成学校教学目的而建立的一套具有处方功能的系统理论，包括某些教学思想方法的渗透与应用过程，教育学、心理学中一些基本原理使用的感触等。教师用新的教学观念、思想与自己的教学实践相结合，从中发现问题，如研究素质教育、创新教育、主体教育、研究性学习等新的教育思想，查找自己在教学中存在的问题。

2. 课堂教学方法

课堂教学方法主要包括教师对自己教学方法的反思，也包括对学生学习方法的指导，如现在流行的教学方法是否适用于所有的课型，自身在教法上有何创新，哪种教学方法有利于学生掌握教学内容等。

3. 课堂教学内容

教师在备课时对所教的课程内容会有不同的认识，主要包括教师教哪些内容、如何教，以及教学计划执行情况等问题。教师把课堂内容的设计、组织安排，教学中临时应变得当的措施，层次清楚、条理分明的板书，以及教学活动中出现的疏漏之处、失败之举详细地记录下来，供以后教学时参考使用，并可在此基础上不断地改进、完善，推陈出新。

4. 自我意识与反思

自我意识与反思包括教师对自己的长处与局限性的认识。教师对教学活动的认识是循环往复的过程，教学活动有成功，也有不足。教师对教学中灵感闪光点的捕捉体现了教师的教育智慧。在课堂教学中，随着教学内容的展开，师生的思维发展及情感交流的融洽，往往会因为一些偶发事件而产生瞬间灵感，这些智慧常常是不由自主、突然而至的，若不及时利用课后反思去捕捉，便会逐渐遗忘。通过撰写日志捕捉、记录自身在师生互动、共同构建的教学活动中产生的灵感、奇思妙想，体现了教学中的教育智慧；反思教学中的失败之处及其原因，如没有讲清楚或被忽略的地方、学生作业中出现的常见错误、普遍存在的问题等，并分析其中的原因，指出今后教学中注意改进和努力的方向，就补救的时间、内容、方法等提出切实可行的方案。

5. 学生具体情况

学生具体情况主要包括学生学到了哪些知识，学生在课堂上的反应，学生对本次课堂内容的理解程度，学生学习本课的积极性和主动性，学生在课堂上的见解，学生课堂纪律情况，教学过程中学生的迷惑点及突发事件等。学生在学习过程中会有创新能力的体现，教师应当充分肯定学生在课堂上提出的一些独到见解，不仅可以使学生的好方法、好思路得以推广，而且教师也可从学生的见解中反观自身的教学情况，从而拓宽教师的教学思路，提高教学水平。因此，将其记录下来，可以成为今后教学的丰富材料。

6. 课堂教学评价

课堂教学评价包括督导及学生对课堂教学正面和反面的评价，为教师提供了一个科学了解自身教学状况的窗口，使其明了自己在教学中存在的不足和今后努力的方向，通过记录与反思，为教师的专业发展提供一个很好的平台。

教师撰写“教学日志”没有固定的格式和要求，他们可以根据自己喜欢的方式和感兴趣的内容予以记录，自由地展示自己的撰写风格及特色。“教学日志”主要分为以下类型：

（1）点评式，即在教案各栏目相对应的地方，针对教学的实际，言简意赅地加以批注、评述等，这是一种常见的“教学日志”形式，适用于教师在课前或上课期间的突发奇想或捕捉稍纵即逝的灵感。

（2）提纲式，即通过对自身课堂教学实践的分析，提纲挈领地一一列出教学内容、教学方法的展开及运用情况，学生表现及自我表现等方面的成功与不足，它一般是在课后进行的，可以较为全面、系统地评价教学上的成败与得失。

（3）随笔式，即教师具体地对自身产生的问题进行反思后的记录形式，它注重教师对某一问题、事件的感受，揭示教师的思维方式，洞悉教师的内心世界及感受。

（4）专题式，即抓住教学中最突出的问题（如语言表达、课堂组织与管理等）进行深入的剖析，反思教学行为背后所蕴含的教学理念，从而确立正确的教学行为，它一般也是在课后进行的，周期性较长。

需要指出的是，点评式“教学日志”只适用于教师应急时使用，而要增长教师的反思能力，促进教师的专业成长，则建议使用提纲式、随笔式及专题式教学日记。

（二）“教学日志”的语言特征

“教学日志”是一种不规范的文体，有其独特的语言特征。

第一，运用生活语言。教师撰写日志不需要华丽的辞藻，而是尽量运用日常生活语言来表达对教学的感受。一方面，它可以使作者自由表达自己的感受；另一方面，通俗易懂的语言给“教学日志”的分享者带来亲切感，使自己更容易加入同自己、同他人的对话中。

第二，以第一人称叙述。“教学日志”是教师个人内心世界的真实反映，是个人情感的释放，是关于“我”的经历、想法、做法等，因而它往往是以第一人称的形式出现的，这种叙述方式有助于教师对教学中出现的问题进行理性的思考与判断。

由于“教学日志”是从改进教师教学实践的角度提出的，因而人们鼓励教师撰写“教学日志”的目的是促进教师的专业发展，继而使教师成为研究者。在撰写完日志后，教师应对“教学日志”加以整理并尽量采用专业术语，从而促进教师教育教学理论水平的提升。

三、在英语教学中运用“教学日志”的意义

（一）促进教师专业的成长

人的可贵之处在于思想，判断一位教师是否成熟，就看他是否有思想。“教学日志”促进了教师养成思考的习惯，在思考的过程中，教师形成自我评价，通过自己与自己的对话更清晰地认识了自己及自己的职业，认识自己组织教学的特点，了解最适合自己的教学方式，帮助自己成长。撰写“教学日志”的过程是自我反思的过程，没有反思的经验是狭隘的经验，最多只是肤浅的知识，如果教师仅仅满足于经验，不对经验进行思考，那么他所写的“教学日志”就毫无意义。当教师回顾数周、数月或数年的“教学日志”时就会发现，在教学中给学生带来欢乐和痛苦的主要情境，教学盲点，哪些耗费精力的无效教学需要改进，哪些方面的教学技能需要增强。在这个基础上，教师不断总结教学活动中有益的经验，将其系统化、理论化，从而客观地评价自己的教学活动，促进自身的专业成长。

（二）促进教师间的交流与学习

资源共享是各方利益最大化的有效途径，教师的知识也只有在分享中才能够得到进一步条理化和显性化。“教学日志”作为个人写作的文本，不同于私密的日记，可以拿来和

其他教师、专家共同分享。"教学日志"可以有广泛的读者，特别是近年来发展的教师博客，领导、专家、同事、家长、学生都可以访问，成为教师与他人沟通的工具及渠道。教师博客是一种开放的交流平台。教师通过经常性的、众多的信息交流，尤其是与具有同一专业背景的教师进行交流，从中得到启示，产生新的理念、新的教学方法。对教学活动中出现的问题、疑问也可以进行探讨，交流教学经验，避免局限发展。这种公开的反思方式充分体现出博客共享、交流、协作和发展的优势，不仅能够促进教师个人的成长，同时也促使教师整体专业水平的提升。

（三）提高教师教学研究水平

撰写"教学日志"是每个教师可以发挥的优势，教师工作在教学第一线，拥有得天独厚的教学实践经验，这为他们创作科研论文提供了最直接的灵感和素材。教师作为教育研究者，需要将反思中的重要观念和教学策略进行归纳总结，通过长期积累，厚积薄发，能够促进科研成果的产生。

四、英语教师撰写"教学日志"的方式

"对于英语教师的专业发展而言，仅仅学习一些教学模式和教学技巧是远远不够的，如何在短期内快速转变教学观念，提高教育教学的反思能力显得十分重要与迫切。"① "教学日志"不是简单地罗列课堂中所发生的情况，而是要不断地发现问题、提出问题，进而解决问题。英语教师作为教学反思的主体，应该在教学实践中有意识地记录、生成、丰富和升华日志，提高自身的反思能力。英语教师撰写"教学日志"的方式主要包含以下方面：

第一，及时详尽地记录当日的教学活动。"教学日志"的写作要及时，否则教学中很多当时的认识和感受，以及情景很快就会被遗忘。教师应客观公正地记录教学过程中发生的各种事件，内容要详细，应包括教学评价、未预见到的事件、教学的成功与不足等。

第二，将"教学日志"上升到理论层次。"教学日志"并非简单地罗列，除叙述事件以外，教师应静心沉思，思考在教学方法上有哪些创新，知识点上有哪些发现，组织教学方面有何新方法，课堂教学中诸多失误有无改正，学生的英语知识、应用技能及情感态度、价值观是否能得到统筹兼顾等。与此同时，教师应重组并优化这些心得，形成理论体系，指导实践教学。

第三，终身学习，不断发展。教师可以通过观摩其他教师教学，将比较优秀的教学设计、教学活动及教学方法借鉴过来研究、分析，以得到共同的提高。此外，网络"教学日志"层出不穷，出自不同学科、不同地域、不同级别的教师，体现着不同的教育资源。教师可以利用网络媒体，将许多有价值的、最新的信息及时与大家分享。教师通过选择，根据不断变化的教学实践，在深刻理解教学的基础上，积极借鉴他人的经验教训，并结合自

① 王桂祥：《谈大学英语教师教学日志的撰写》，《考试周刊》2012 第 93 期，第 82 页。

身的教学实践，撰写适合自己需要的“教学日志”，反思并改进自己的教学活动。在“教学日志”写作的过程中，不断学习，成为终身的学习者。

第二节 “课堂观察”助力英语教师的专业发展

课堂是教育真正而经常发生的地方，有效的“课堂观察”能为课堂研究、教育教学研究及教师专业发展提供最真实的第一手资料并成为其最有效的起点。“课堂观察”，相当于传统意义上的听课。与听课不同的是，“课堂观察”着眼于教师的专业发展，通过观察手段发现教师、学生和课堂文化的表现特征，它是教师一种日常的专业生活，其目的在于给任课教师一些符合其自身发展实际的建议。

一、“课堂观察”的体系解读

“课堂观察”，就是通过有计划的观察，对课堂的运行状况，特别是一些教学细节进行记录、分析和研究，并在此基础上达到改进教师的课堂教学，改善学生的课堂学习，提高教师专业发展水平的一种专业活动。与一般的观察活动相比，“课堂观察”要求教师具有更明确的观察目的，借助一定的工具（观察表和录像设备等），直接、间接地从课堂上收集信息和资料，并据此做出相应分析和研究。

从教师观察力培养的视角，可以将“课堂观察”分为八个维度，通过每一维度进行课堂教学观察的具体操作。这八个维度包括：感受课堂氛围、聚焦课堂管理、探寻教学过程的清晰度、查证教学指导方式的多样化、明确教学目标定位、检验教学过程中的学生参与、评估学习的成功、培养高品质的思维能力。教师可以将观察作为一个系统，从课堂管理、明晰课程、教学类型、任务设置、学习过程等方面，将观察技能的基本原理、深入研究与教学实践经验相结合。教师在进行“课堂观察”时，应尽量减少个人的偏见，并把“课堂观察”得到的丰富多彩的资料进行整理、分析、反思，提高教师作为“积极决策者”的决策水平。

（一）“课堂观察”的特性

“课堂观察”作为一种科学的教育研究方法，与普通的观察相比，具有以下特性：

第一，目的性。“课堂观察”的目的一定要针对一定的教育现象和教育问题，在“课堂观察”中，研究者通常要根据自己的研究目的来从事观察活动。

第二，系统性。“课堂观察”有明确的目的，研究者通常根据自己的研究目的来选择“课堂观察”的策略，对观察的整个过程做出系统的规划，使观察系统地、有计划地进行。

第三，理论性。科学的观察离不开理论的指导。首先，“课堂观察”方法本身就必须有一定的方法论做依据；其次，“课堂观察”需要观察研究的教育现象或教育问题也需要一定的教育理论做指导。

第四，选择性。有意识、有目的的观察就意味着有选择。首先，教师在进行“课堂观察”时必须对这些问题进行选择；其次，“课堂观察”尽管较普通的日常观察更为细致且系统，但由于选择性因素的存在，它所描述的“事实”也难以做到全面而真实。

第五，情境性。“课堂观察”是在现场进行的研究活动，它可以在行为和事件发生时予以记录，不但可以获得现场的第一手资料，而且还可以使教师记录下那些只可能在现场产生的、与研究主题相关的感受和理解。观察与观察的情境在空间和时间上都不可分割，脉络相连。从空间的维度而言，较小的背景应置于较大的背景之中考虑，如将商务英语谈判小组置于教室情境中，将教室置于学校情境中；从时间的维度而言，应当充分考虑情境中的历史背景，如学校的传统、学生的情况、班级的特点、教学的模式等都很可能决定教学事件发生的状态。

（二）“课堂观察”的分类

“课堂观察”可分为开放式观察、聚焦式观察、结构观察、系统观察。

第一，开放式观察。在开放式观察中，教师可以用纸和笔记录一节课的情况，或者记录下这节课的关键点，或者用自己看得懂的方式对这节课各方面的情形进行详尽的记录，这种观察方法能够开放地、真实地记录情况，不做判断，直到课后的讨论时才进行必要的解释。

第二，聚焦式观察。聚焦式观察需要选定一个观察的焦点，即有一个观察的具体问题，如提问或者表扬，或者课堂中学生投入学习的情况。

第三，结构观察。结构观察是用记号或画图的形式进行一些简单的信息记录，如教师在要观察的事件每次发生时做个记号或打个钩；或者用画图的方法画出教师或学生的位置；或者教师提问过的学生位置等。最终的记录是事实的而不是判断的，如果将这种观察方法与以上提到的那些方法结合起来，呈现的事实就会更详细。

第四，系统观察。系统观察是在结构观察的基础之上，利用现成的编码量表或分类体系来进行观察研究，它比结构观察更为复杂和系统，也更为封闭。系统观察中所使用的分类体系虽然大多数都经过广泛应用和不断修订，但是教师在使用中总是不可避免地用别人的眼睛来看课堂，因此，教师将自己的需要与量表的意图和焦点相结合是很重要的。

（三）“课堂观察”的方法

“课堂观察”的方法可以分为定性方法和定量方法。

第一，定性方法用归纳法分析，观察时用描述性和评价性的文字把现场感受和领悟记录下来，观察后根据回忆加以追溯性的补充和完善。

第二，定量方法需运用到一套定量的、结构化的记录方式（观察表）进行观察：在观察前，教师需要根据观察目的和主题设计所需要的图表（如座位表、提问技巧水平表、提问行为频次表、教师反馈表、课堂练习目标层次统计图等）；观察时既可以采用录音笔，也可以运用录音、录像和电脑软件等进行分析。

二、“课堂观察”的实践

（一）“课堂观察”的实践意义

“课堂观察”是教师获得实践知识的重要来源，也是教师收集学生资料、分析教学方法、了解教学行为、促进自身专业发展的有效途径。具体而言，体现在以下方面：

第一，课堂作为学习和教学的现场，教师的教学、学生的参与、课程的实施，都可以通过“课堂观察”获取对应的信息，从而采取最合适的措施来推进教学的顺利进行。因此，对教师而言，通过“课堂观察”可以解释课堂现象，加深对课堂事件背后意义的理解，而有组织地开展“课堂观察”也为培养教师敏锐的观察力提供了平台。

第二，教师通过观察其他教师的教学，可以了解自身教学中曾经被忽略的成分。观察其他教师的教学为教师提供了更准确的、有助于提高课堂教学质量的反馈信息：一方面，教师能够更全面、更细微地了解到学生的课堂表现、接受能力和学习状况，并自觉地与自己教学时的信息做对比，围绕学生能动地改变教学方法，提高教学效率；另一方面，通过听课、评课等“课堂观察”形式，教师能及时反思教学中的优势和不足，如教学理念是否适合当前的教学对象、教学方法是否应该多元化等，从而对教学采取更积极的态度，不断地形成新想法，再确认或修正既有的教学方法，从而发挥“课堂观察”在教师专业学习中的重要功能。

第三，由于学与教的环境是真实的课堂生活，复杂、不确定、不可预测的状态，都会给上课教师带来极大的专业挑战。即使一位资深的教师，也不容易对具有高度个性化的教学情境完全地加以掌握与理解。对于课堂中各种外显及内隐的变化，要靠敏锐、有洞察力的双眼去观察，预先觉察事件发生的各种可能性，只有这样，才能成为一位高效的专业教师。因此，具备“课堂观察”能力是教师必备的专业素质，也是区分教师专业水平高低的重要指标。

（二）“课堂观察”的实践阶段

“课堂观察”一般分为观察前、观察中和观察后三个基本阶段。

第一，观察前。在观察前，首先，要明确观察要解决的问题，要有针对性地进行观察；其次，根据要解决的问题制订出相关的规划，规划的内容包括观察的地点、时间、课次、焦点、方式、工具等。如果有条件，可依据具体的要求对教师进行培训。

第二，观察中。观察中阶段主要是“课堂观察”的实施过程，即进入课堂及记录资料。

教师进入现场之后，要按照一定的观察技术要求，根据课前会议制定的观察量表和观察要点，选择恰当的观察位置、观察角度，迅速进入观察状态，通过不同的记录方式，采用录音、摄像、笔录等技术手段，在技术层面将定量和定性方法充分结合起来，记录观察到的典型行为，做好课堂实录，记下自己的思考。在课堂情境中，依照预先选定的记录方式对观察对象进行观察和记录是“课堂观察”的主体部分。通过不同的“课堂观察”记录方式，教师记录不同的观察行为，包括行为发生的时间、出现的频率、师生言语或非言语活动的内容和形式、教学现场的感受和理解、音像资料等。

第三，观察后。“课堂观察”结束后，要对所收集和记录的资料进行整理和分析。“课堂观察”所记录的资料一般有定性和定量两种，两种资料分析的方式不尽相同，但目的都是通过对其进行系统的分析来揭示课堂行为之间的相互联系，了解被观察行为的意义，解决“课堂观察”前设定的问题。在分析和整理的过程中，要求所有参与者对课堂事件和现象进行探讨并制订出相关方案。

三、基于英语课堂特点的“课堂观察”

为了更有效地进行“课堂观察”，有必要对处于不同层次的英语课堂的特点进行归纳和总结。英语课堂是学生学习英语的重要场所，如何充分利用课堂、提高课堂教学的有效性，使学生综合运用英语的能力得到提升，一直是英语教育界十分关注的问题。英语学习的最终目的是在课堂以外的各种语言环境中真实地使用语言，用来学习其他的课程、工作或者娱乐。随着教学改革的步伐，大学英语课堂教学本着“以人为本”“以校为本”和“分层次、个性化、自主式、信息化”的改革思路，其模式的特点包含以下方面：

第一，现代化信息技术与课堂教学相结合。采用先进的教学手段，不仅采用幻灯片、录音机、录像机等，还可以采用电脑教学、电脑考试等手段来辅助课堂教学。

第二，自觉构建性与探索性相结合。学生带着问题进行学习，在讨论中完善自我和发展自己的能力；师生之间就所学内容展开讨论，形成新的探索与发展。

第三，学生自主学习与师生互动相结合。充分发挥学生的主体作用，使学生养成独立思考、自主学习的习惯。与此同时，教师在教学中应注意学生英语交际和应用能力的培养，最大限度地发掘学生的潜力，师生之间应注重互动。

第四，依据各高校的教学要求和教学资源，调整或重新设计大学英语课程体系，即针对不同的学习需求开设不同类型的基础课程、高级技能型课程、文化欣赏性课程和专业英语或双语类课程。

为了让课改的新理念更好地运用到课堂教学中，大学英语教学需要大量的“课堂观察”。主要观察课堂上学生思维是否得到开拓，学生是否具有独立思考和自学能力，教师教学的实用性和应用性等方面。

四、“课堂观察”对英语教师专业发展的作用

教师的专业成长是一个多元多层次的发展体系，教师的知识是教师专业化的基础。就教师的知识结构而言，教师知识可分为本体性知识（教师所具有的特定的学科知识）、条件性知识（教育学和心理学的知识）和实践性知识（关于课堂情境及与之相关的知识）。教师的本体性知识和学生的成绩之间几乎不存在统计上的关系，且并非本体性知识越多越好。与此同时，条件性知识也只有在具体实践的情境中才能发挥功效，对于教师的教育教学和专业成长而言，更为重要的是实践性知识。真正决定教师教学行为的是教师的个人理论及与此相关的教师实践性知识，而这类知识的获得因为其特有的个体性、情境性、开放性和探索性特征，靠他人的给予似乎是不可能的，更多地依赖于教师的自觉发现，它要求教师通过自我实践的反思和训练才能得到和确认。从这个角度而言，教师的专业成长过程在很大程度上表现为教师自我发展的过程。

（一）“课堂观察”有助于促进教师专业发展

在教育教学实践中，教师专业发展的途径是多元的，有职前的专业知识培训、岗前培训和在职的学习、培训、进修，以及同伴互助等。但是从教师专业发展的动力而言，归根结底在于专业成长的主体——教师自身。换言之，教师本身的自主实践活动——教师自主认识自我、分析自我、完善自我是教师专业成长的根本动力。在内在动机的激励下，教师制订自己的专业发展计划，确立自己的专业发展目标，选择实现专业发展目标所需要的途径、方式和方法。因此，努力提升教师专业自主发展内在的意识和动力，就成为促进教师专业成长的最根本的问题，而这种自我意识的产生必须立足于课堂教学实践。就教师职业的特性而言，这种自我意识集中体现在教师基于“课堂观察”进行的自我反思上。

基于“课堂观察”的自我反思是教师对自己在教育教学中所做出的行为，及由此而产生的结果进行审视和分析。在反思过程中教师把自己当成一个理性的有理想、有见解、有独立判断和决策能力的人，对教学计划、教学行为以及教学对于学生的影响进行自评和分析。反思能力的养成是确保教师不断再学习的最基本条件，在反思过程中，教师能够拓宽专业视野，不断激发追求超越的动机。教师在这种反思观察中不仅能改进自己的教学行为和教学实践，提高教学质量，同时教师自身也得到了成长。

“课堂观察”能够使教师真正认识课堂生活，激发教师的自我发现、自我设计、自我反思。教师通过对自己和其他教师的“课堂观察”，能够增进对自己行为的认识，增强对自己行为的责任心，促使系统地、批判地反思自己的教育和教学行为，发展其自主性的专业判断力，使教师之间互相观察与反省，彼此之间协力合作，解决自身教学中存在的具体问题。同时，通过“课堂观察”研究，改进教学，提高教学质量，在使学生、学校得到发展的同时，逐渐提高教师自身的素质，促进教师专业成长与发展，使教师教书育人的过程成为一个自我发展的过程。“课堂观察”是教师进行有效反思不可或缺的因素，观察能力

和技巧是教师必须具备的专业素养，通过认真细致的“课堂观察”，进而进行深层次的反思是促进教师专业成长的一条重要途径。

（二）“课堂观察”有助于协助教师驾驭课堂

只有进行系统的“课堂观察”，教师对于教室内所发生的事件，包括教学的管理与学生的参与，才能了然于心，维持课程的顺利进行，并获得口头的或者书面的评价资料等。因此，“课堂观察”对于教师而言，是诠释、理解课堂事件背后蕴含的意义最直接的途径，对教师理解课堂、把握课堂具有较高的专业价值与必要性。教师要真正地认识自己在课堂上的行为和表现，必须进行“课堂观察”。教师通过对自己课堂录像、课堂记录的分析，能得到更多、更详细的关于自己和学生的课堂表现的反馈；在观察中发现自己和其他教师教学中的具体问题，使教师清楚地看到自己的教学行为、教学监控能力、课堂规划的运行、师生之间的关系与互动等。通过观察之后教师之间开展的互相讨论，自觉地反省自己的教学，研讨改进教学行动的策略，并付诸行动，从而积极主动地解决这些问题。“课堂观察”有助于教师清晰地意识到支配自己课堂教学行为的教育教学观念，进而主动地对自己的教学进行内在的自觉的评价，以激起对自己专业发展的兴趣。

（三）“课堂观察”有助于教师形成教学风格

独特的教学风格是教师专业成长的一个重要标志，教学风格的形成取决于他们在成长过程中逐渐形成的实践性智慧、教育哲学观。教育实践性智慧、教育哲学观的形成，不能脱离“课堂观察”这一根本基础。

教学是一门独立性较强且强调个人技能的专业，这一专业特性容易造成教师在经过若干年的工作后产生封闭及缺乏反省的心态，并由此产生职业倦怠。为了维系教师专业成长的长久动力，教师有必要多请其他教师和督导观察自己的课堂，主动呈现自己的课堂，供督导、其他教师观察。作为自身课堂的观察者，教师经过细致的“课堂观察”，进行深刻的反思，促成教学智慧的形成。另外一种观察形式，则是教师作为被观察者，在这种形式的“课堂观察”中，愿意向观察者（同事、督导）敞开心扉，而被观察者由此观察到更为真实的东西，从而做出更有意义的分析。如果被观察者能主动邀请他人并且不介意暴露问题，而观察者又能积极回应，那么观察活动的研究性质就基本确定。

在教师与观察者的互动中，新的教学理念接受实践的检验，存在于教师心底的“缄默”知识浮出水面；在观察与被观察双方的深层次交流中，教师能对自己的教育观念进行客观的、理性的认识、判断、评价，进行有效的调节，能对他人的观点有选择地借鉴并最终形成教师个性化的、独特的哲学观的形成和发展，创造出属于教师自身的教育、教学风格与特点。教师接受“课堂观察”反馈后，能够使他们积极地改变对学生的态度及行为，而且更能意识到个人教学的优缺点。因此，“课堂观察”有利于教师发扬优点，克服缺点，形成自己独特的教学风格。

（四）“课堂观察”有助于教师提高观察能力

在进行“课堂观察”活动时，教师要面向全体，对课堂的全面情况加以观察调控，使学生整体的教学效果达到最优化；也要根据课堂的具体情境，对课堂活动的某一点或某些学生的行为进行重点观察，以达到对课堂活动的全面把握。教师根据自身教育教学的实际，观察需要重点解决的问题，如可以选择如何有效管理课堂，也可以选择如何提高提问的有效性等，“课堂观察”就有了基本的方向，教师设计课堂、研究课堂、创造课堂都有了一个清楚的依托，便于教师加深对课堂的理解，使教师可以对自己关心的问题进行更加深入的剖析，探求解决问题的方法、途径，从而切实提高课堂教学效率。

通过对课堂教学的观察、分析、思考和判断，透过现象分析课堂行为反映出的实质问题，教师的观察能力逐步得到增强。例如，对课堂上其他教师提问的观察，就可以通过对教师提问的方式、提问的对象、问题的设计及对学生回答的处理方式等方面进行反思，探讨提问的有效性、生成性，并将反思的结果运用到新的课堂情境中。针对“课堂观察”后的反思再进行实践，经过观察、反思、实践、再观察，不断反复循环，促使广大教师的教育教学研究能力不断提高。

教师对自己课堂的观察，从某种角度上而言，更加注重的是对细节的观察；而教师观察别人课堂则在细节观察的基础上，使观察走向系统，有助于教师专业系统性成长。教师主动观察别人的课堂，一定是经过充分的准备，因此，教师能够根据自己的研究目的来选择“课堂观察”的策略，对观察的整个过程做出系统的规划，将对细节的观察置于一定的思维系统中，还能够在推动学生发展的总体目标下，根据教学目标对学生的相关技能的要求，拟出观察的具体内容，使细节与系统互为条件。通过对其他教师课堂的系统观察，能够提高教师“课堂观察”的客观性、科学性和整体性。

教师的专业化发展是在教师教育过程中，引导教师以其专业知识和教学经验为基本出发点，在教学实践活动中能够主动发现问题，通过思考、计划、实践和评价，寻求问题解决的办法，最后达到改进教学和自我发展的目的。在这一过程中，教师通过对教学活动的观察发现问题，对发现的问题加以讨论、研究、反馈。“课堂观察”和课堂研究为教师的反思性教学提供了保证。从教师专业化发展的角度而言，最适合的“课堂观察”，不是以评价为目的的“课堂观察”，而是教师能够以主体身份参与的“课堂观察”。“课堂观察”是观察方法，也是分析方法、研究方法。教师有意识地关注课堂发生的现象，敏锐地去观察课堂发生的事件，并进一步对一些在特殊场景下发生的不确定现象做出自己的解释和深入细致的分析、研究，增进教师对自己行为的认识，增强对自己行为的责任心，促使教师系统地、批判性地反思自己的教育和教学行为，发展教师自主性的专业判断力，积极主动地探究课堂中的活动模式，逐步地建构起能够解释的、属于自己的、独特的行动知识，不断提高对教育教学规律的认识。

“课堂观察”必须运用理性的辨析，必须与教育教学理论形成互动。“课堂观察”用专业的眼光捕捉、解读教学现象与细节，使教学现象与细节较为准确和完整地呈现在教育理论面前。教师通过观察研究，改进教学，提高教学质量，在使教师的专业成长、学校得到发展的同时，也充分实现了教育的真谛——使学生各方面得到发展，使全体学生得到发展。基于平等、合作基础上的同伴听课方式为教师的职业发展提供了可能。对教师本人的教学活动、学生的学习情况、课堂气氛等的观察让教师有能力识别有效和无效的课堂行为，能够反省课堂存在的优点、缺点。学生观察课堂既能帮助教师获得透视课堂的另一渠道，又有利于增进师生互动、培养学生的学习主体意识。

总而言之，教学观察有助于教师专业发展的实践，有助于加强教师对课堂的驾驭能力，有助于教师教学风格的形成，有助于提高教师的观察能力，从而增进教师对自己行为的认识，增强对行为的责任心。由此促使其系统地、批判地反思自己的教育教学行为，发展其主动性的专业判断力，并通过观察研究，改进教学，提高教学质量，在使学生、学校得到发展的同时也使教师的专业成长成为一个自我发展的过程。

第三节　"互联网 +"背景下英语教材及数字化建设

一、"互联网 +"背景下英语教材的运用环境

第一，校园环境。目前，各大高校为建设数字化校园，普遍实现了无线网络全覆盖，教室配备多媒体已经成为常态，有条件的高校甚至为学生配备平板电脑、电子书包等移动阅读设备，形成了由网络、数字技术和智能设备构成的新型教育环境。现代教学形式从传统的"教师讲授 + 黑板粉笔"向运用现代信息网络技术及网络环境下的随时随地学习过渡。依托开放的网络环境和智能电子设备，传统的知识生产、传播和消费方式发生改变，在线教育方兴未艾，移动化、碎片化学习逐渐成为常态。大学英语教材作为构建数字化校园环境的资源组成部分，理应具备数字化功能。

第二，课堂环境。教材是课堂教学的重要构件，教材与课堂环境的高度契合是实现有效教学的重要保障。第第二语言言习得依赖学习者的自主性和真实的交际情景，从而实现语言规则系统的自我构建；学习个体要利用必要的学习资料，在一定情景下与环境系统诸多要素综合和交互，进而获取知识。基于英语学习特点，目前高校的英语课堂教学模式正向互动式转变，课堂教学渴望内容真实、强调知识和能力并行培养、注重师生和生生交流互动的教材。因此，大学英语教材必须具备真实性、互动性特征，才能满足当下的课堂教学需求。

第三，消费用户。学生是教材的最终使用者和消费者。着眼于学生用户的特点和需求开发教材是保证教材生产和使用价值的关键。目前，00 后大学生是高等教育的主体，是

伴随互联网成长的一代，以手机、平板电脑为媒介的数字学习模式是他们的重要生活方式，善于参与、互动、体验和分享是他们的普遍特征。这个群体乐于接受新生事物，个性化需求强烈，喜欢按照自身的需求和兴趣点选择、加工学习内容。把握当代大学生心理，设计具有个性化、移动化、互动化特点的大学英语教材是教材建设的重要考量。

在当今的信息技术浪潮影响下，大学英语教材必须将以互联网为核心的先进技术运用于教材的开发和使用全过程，在内容的呈现方式、传播方式上全面创新，实现纸质教材向数字教材的转型，才能满足不断变化的校园环境、课堂教学及学生学习的需求。

二、“互联网 +”背景下英语教材的数字化建设

教材作为体现教学内容和教学方法的载体，是课程实施的主要组成部分，是实现教学目标的重要前提条件。教材不仅是教学的工具，而且是一定教学目标、教学观念及教学方法的具体体现。教材是教师使用得最频繁的教学媒介，对教材的进一步开发实际上是对教师进行知识更新和技能提高的再培训。通过开发利用教材进而实现教师的专业发展是英语语言教育界致力研究的一个重要课题。纵观过去英语课程的历次改革，它的教育价值、理想和语言教学思想等都是通过教材的实施得以实现的。每一次的课程改革都会造就一批英语教学名师。从某种意义上而言，教材的数字化建设对促进教师专业发展起着非常重要的作用。

教材数字化建设是对教材进行多层次、多角度、立体式的研究和开发，包含与主教材相配套的参考教材的整合、教学指导书和练习册的编写、多媒体课件的制作、教学思路的设计、教学个案的分析、使用教材的经验总结等。对教材数字化建设的过程，其实质就是以教材为基础，对课程全方位多角度地思考、整合、再开发、实施及完善与提升的过程。教师对教材进行数字化建设，不仅包括对教材的编排理念、教材体例的理解与熟悉，对教材及相关教学资源的整合及课件制作，还包括教师基于课程设置目标而对教材进行的再编写与后续开发。

教材的数字化建设，以现有教材为依托，既基于教材，又超越教材。教材的数字化建设可以从三个维度展开：首先，它是对现有教材的灵活性、创造性及个性化的运用；其次，它是对其他教学素材、资源的选择、整合和优化；最后，它是自主开发的新的教学资源。

（一）英语教材数字化建设的现状

自从实施英语教学改革以来，我国各个层次的英语教学不论是从教学大纲还是教材、教法等方面都发生了较大的变化。“互联网 +”背景下的英语教学改变了传统的语法翻译法等低效的教学思想，更加侧重于以交际为目的、以培养学生语言交际能力为核心的教育理念。体现在教材编写方面，则是改变了以往英语阅读文章加词汇及释义的编排方式，在教材中开始创设各种情景，通过开展各种活动培养学生在不同语境中恰当使用语言的能力。随着科技的发展、电脑的普及，计算机的辅助功能也在日常的教学中得以体现。越来越多

的声频、视频材料及电子课件开始走进课堂，为同学们学习英语提供了更生动逼真的语言环境。我国外语教材的整体研发与使用正朝着立体化的方向发展。

（二）英语教材数字化建设的要素

教材的数字化建设主要包括以下要素：开发主体、开发维度与开发原则。

1. 教材开发主体

（1）教师是整个教学活动的灵魂，是教材多维开发的主体。作为教学任务的执行者及教学活动的组织者与指挥者，教师不仅要将教学内容加工成既有可操作性，又与学生兴趣及实际生活紧密联系的语言学习任务，还要在课堂的实际教学中，组织、激发和帮助学生参加教学活动，引导学生主动学习语言，完成学习任务。

（2）教师是学生学习的指导者和促进者。教师不但帮助学生确立学习目标，而且引导学生了解和分析自己的学习特点、学习风格、学习策略和效果，帮助学生找到实现学习目标的有效途径，并尽可能地开发学习的潜能，培养终身学习所需要的能力。

（3）教师是课程的实施者和积极开发者。教师不仅要适应既定的课程，还应积极地理解、领会课程设计者的主旨和意图，这就要求教师不仅要了解学生的现有水平、学习需要、接受能力和情感态度，还要尽力增强自己的教学理念，提高知识水平和教学实践能力，能够更好地理解教材编写者的意图，开发课程资源，精心进行教学设计，展现自己对课程、教材和教学的独特理解，彰显个人的创造性。

2. 教材开发维度

（1）语言维度。语言是一切教材内容的载体。英语作为外语，“语言”更是教材中最显性的成分。“语言”涉及的领域非常广泛，大体可分为语言内容和语言技能。语言内容包括语音、词汇、语法、话语和语体，语言技能则包括听、说、读、写、译等，它们一起构成了教材中的学科知识和技能培养，分布于教材的各个角落，渗透于各种解释、例子、课文、练习、任务之中。

教材开发就语言维度而言，通常需要探究：第一，包含了哪些语法项目，是否符合学生的学习需求，给学生的语法练习是否充分；第二，词汇的数量和难度是否恰当，词汇呈现采用任意呈现还是结构化有目的的呈现，是否需要专门的词汇教学，如何培养学生对词汇的敏锐性；第三，语音学习是否包括单音、重音、弱化、连读等训练，该采用何种方式来教学；第四，教材是否体现了语言的合适性，是否确定了学习者语言运用的情景和领域；第五，听、说、读、写四项技能是否充分覆盖，有没有综合技能的学习活动等。

（2）内容维度。内容是教材包含的情感、态度与文化等非语言方面，指教材的主题，选择的学科内容及通过教材所传递的社会文化价值观。语言与情景密不可分，语言不能单独脱离情景而存在。仅将语言作为抽象的系统进行研究是不能培养学生在真实世界中运用语言的能力的。教材必须如实地呈现语言实际运用的方式，与一定的主题和社会文化价值观相结合。内容维度须考虑教材是否适合学习者，是否能吸引学习者的兴趣，是否与学习者的知识体系相关；教材所体现的社会文化语境是否能被学生理解等。

（3）结构维度。教材结构是指教材内容组织的结构线索。语言学习内容都是按照一定的规律或理论，以某种方式来安排。选择哪些内容，按何种顺序排列都以促进学生的学习为目的。不同教材都是形式、功能、情景与话题等因素的结合，各种教材结构体系的区别只在于主次线索和侧重点的不同，教师须根据学生的实际接受能力选择合适的内容组织方式，调整内容的顺序和进度。

（4）能力维度。在实际有效的交际中，知识和能力是密不可分的。但两者的获取途径却有所不同。知识可以通过“呈现”或“发现”而学习，掌握后还可能会忘记；而技能则需要通过练习而掌握，一旦获得，就具有相对持久性。这就是人们常说的“教”知识，“学”技能。能力维度主要指语言技能和学习技能。

①语言技能是语言教材开发至关重要的维度。作为以语言学习为主要内容的英语教材，除要求学生掌握基本的语言知识，熟悉一定的社会文化价值观念外，其最终目的是要学生获得相应的语言技能，真正会运用语言。因此，听、说、读、写四项技能的训练是语言教材中必不可少的组成部分。教师对教材进行开发，要考虑：第一，这四项技能的培养是否在教材中得到了充分的体现，听力材料是否真实，难易程度是否与学生水平一致，录音是否清晰；第二，口语材料是否切合学生的生活情景，活动设计是否有助于学生的真实互动；第三，阅读材料的语言表达是否地道，材料是否充足，是否能真正提高学生的阅读能力；第四，写作活动的量是否适当，语篇组织与语体运用是否合适等。与此同时，教师还要注意开发综合技能学习的活动。学生只有通过各种各样的活动，才能真正锻炼自己的语言能力，学会运用语言。

②学习技能。相对于语言技能而言，学习技能则更具有广泛性。英语学科的学习技能主要指学生采用何种学习方法、策略和技巧去培养语言的听、说、读、写能力，它包括学习者采用的所有能促进语言能力发展的技能，如工具书的使用等。

3. 教材开发原则

“互联网+”背景下的英语教材数字化建设以课程标准为导向，以实现教学目标，促进学生发展为宗旨。教师对教材的数字化建设是在课程标准的指导下对教材的调整、加工、处理，是教材编写者与教师和学生之间互相适应的过程，同时也是课程计划和学校实际教学情景互相适应的过程。教师通过对课程标准的准确把握，对教材进行教学法或心理化的加工，调整或改变知识的呈现方式和传播途径，使教学内容更适合学生的心理特点和认知水平，引导学生掌握知识和技能，体验学习过程，挖掘教材的多元的课程价值和意义。教材数字化建设可以分为教材的整合、删减与补充，教材的开发与编写，教学设计与课件制作等。

三、英语教材数字化建设与教师的专业发展

教师的专业发展包含五方面内容：第一，协助教师改进教学技巧的训练；第二，学校改革整体活动，以促进个人最大成长，营造良好的气氛，提高学习成效；第三，教师的专业发展是一种成人教育，增进教师对其工作和活动的了解，不只是停留在提高教学效果上；第四，教师的专业发展是利用最新的教学成效的研究，改进学校教育的一种手段；第五，专业发展本就是一种目的，协助教师在受尊敬的、得到支持的、积极的氛围中，促进个人的专业成长。教师要善于选择“为我所用”的教材品种，善于利用教材资源，善于汲取教材的精华，善于使用并且超越教材，善于开发、编写、创作、再创作教材、教案活动和课件，善于评价教材的特质，善于研究教材的功能、效能、价值。

由此可见，教材的数字化建设与教师的专业发展是相互促进，相辅相成的。一方面，教师对教材进行数字化建设，能够促进教师教学能力和科研能力的发展；另一方面，教师自身专业的发展又使得教师具备驾驭教材、开发教材的能力，能实现对教材更有效的数字化建设。

（一）教材数字化建设能够促进教师专业发展

教师进行教材数字化建设，对自身专业发展的促进主要表现在以下三方面：

第一，教师对教材进行数字化建设，能充分了解课程内容，有效整合教学资源，提高教学质量，促进自身教学能力的发展。教师是教学任务的实施者，是教学设计的主角，是教学活动的组织者。教师对教材进行数字化建设，必须熟悉和学习教材，熟悉教材的基础知识、教材基本结构的编排，了解课程专家通过教材所体现的教育目标、课程目标、知识和能力及价值观等方面的培养目标。教师在把握了这些内容的精髓之后，再根据自己对给定内容的理解和解读，结合学生的认知水平、行为习惯、思维特点、知识经验，紧扣课程标准对教材进行整合和处理，将教材各个知识点综合起来，灵活地使用教材，设计新颖的教学过程，实现教学效果的最大化。学生则成为教师开展教材数字化建设的最直接受益者。

第二，教师通过参与教材开发，能增强课程意识，完善课程体系，提高自身竞争力，促进教学科研能力的发展。科研水平在教师专业化发展中必不可少。优秀的英语教师应该能够把教学和科研有机结合起来：教学给教师灵感，从而发现课题、验证理论并开展实验；科研则能保证教师对教学的兴趣和教学的科学性、前沿性及时代感。

教师科研日益成为不断提高教师竞争力的重要途径，它是教育决策科学化的需要，是提高教师素质的需要，更是促进教师专业水平持续发展的有效途径。教师科研最大的特点是教学科研与教学实践的一体化，实践性、实效性、实用性很强，它侧重于教学经验的概括、提炼、升华。对教师而言，学生、教学活动就是研究对象，教室就是实验室，教师就是研究者，研究的问题产生于实践的工作情景中，研究的策略是从实际情景出发，根据情景需要随时检验，不断修正。

教师对教材的研究是教、研相得益彰的最佳途径。教师能在对教材进行数字化建设的过程中不断提高自身的教学科研能力。教学科研能力主要包括教师发现问题并恰当选题的能力，查询文献、阅读文献并对研究过程进行设计的能力，对收集到的资料进行整理分析及文字表述的能力。教师在对教材进行数字化建设的过程中，需要不断探究课程目标如何根据培养需求而设定并通过教材得以体现，需要研究如何保证课程目标在实际教学中的有效实施，从而不断深化对教材的编排理念和课程的理解。

教师在对教材的数字化建设的行动研究中，发现有关教材和课程体系建设的研究问题，通过对发现问题的思考，选择有现实意义的、有预见性和创造性的可行性问题，并查阅相关资料，迅速准确找到所需要的资料，进行有目的、有重点、有选择的阅读。教师应对研究的过程进行设计，对整理后的资料进行逻辑和统计分析，努力发现所研究的事物的本质和规律，在此基础上再把自己潜心研究得出的新认识、新思想、新办法等诉诸文字，撰写教学科研论文或报告。教师在这一开发过程中，不仅能够加强自身对课程的理解，更重要的是逐步形成课程开发意识，开始对课程的发展和建设进行积极思考，发现有研究价值的课题，系统地学习相关理论知识，探究解决方法，在完善课程建设的同时也实现了自身教学科研能力的提高。

第三，教师在对教材进行数字化建设的过程中，通过协同合作，能够为自身的专业发展营造良好的氛围。教师的专业发展，不仅是教师个人的事情，还需要教师群体的共同努力，更需要外部制度、环境等给予支持。对教材进行多层次、多角度、立体式的研究与开发，需要集群体的力量和合作。与此同时，由于教材的数字化建设过程不是一个对以往经验进行剪切粘贴的过程，而是一个理性地促进教师专业发展的过程。教师的群体科研意识增强，教研的积极性和主动性就会被激发。对教材进行数字化建设，能够为教师提供交流和学习的平台，营造民主、平等、和谐、宽松的能引发思维碰撞和情感交融的良好的教研氛围。

总而言之，“互联网+”背景下英语教材的数字化建设，使英语课程更加贴近学生的需求，最大限度地促进学生的个性发展和综合英语语言能力的提高；同时，教师也能够提高教学和科研能力，改善教学效果，强化课程意识，积累和巩固专业知识，提高课程开发能力，促进自身的专业发展，在教材开发过程中获得全新的体验，提升自我价值，满足实现自我的愿望。

（二）教师专业发展对教材数字化建设的促进

教师作为教材开发的主体，其自身素质的高低决定着教师对教材的理解和掌握程度，影响着教材开发的广度、深度和精度，教师是实现教材有效开发的决定因素。教师通过提升自我，积累教学经验，提高自身的理论水平、教学水平、教学能力和科研能力，教师自身专业的发展都能积极促进教师对教材的数字化建设。

四、"互联网 +"背景下英语教材数字化建设的思路

（一）丰富课程类型，统一学习内容

随着全社会对英语的日益重视和大学生整体英语水平的提升，基础英语占主导地位的现象正在改变，各高校开设各类通用英语课程以满足学生进一步提高英语水平及个性化发展的需求。新一轮的大学英语教学改革顺应社会需求，打破了教材建设的传统，基础英语类教材逐步失去其主导地位，通用英语教材向着多元化方向发展。此外，不同层次的高等教育，因学生基础及需求不同，设置的教学内容、培养目标也有所不同。因此，大学英语教材的编写因学生用户需求的不同呈现出多层次、多目标、多内容、多理念的多元化发展趋势。

每套纸质教材的编写都有各具特色的指导思想、结构体例、教学内容和培养目标，数字化教学资源的建设应延续纸质教材的严谨性和逻辑性。数字化教学资源建设必须先深入了解配套教材的编写理念和核心特征，再将纸质教材内容整合、重组、加工、延伸，使数字资源与配套纸质教材的培养要点相对应、相衔接、相区别，互相依托、相辅相成，从而盘活纸质教材，实现数字资源课程类型多元化、与纸质教材内容一体化，以满足不同用户群体的需求。

（二）挖掘智能手机优势，创新教材形式

"教材 + 互联网"向"互联网 + 教材"的全面转型升级，受技术、人才、资源等因素影响，两者在很长一段时间内处于并存融合而又此消彼长的状态。在转型期间，可以利用现有资源和网络优势优化纸质教材。互联网时代的学习是泛在式学习，学习无时无处不在。编写纸质教材的同时，可储备各类与教材配套的数字化教学资源和网络资源。纸质教材是与数字资源、网络资源多接口关联的、实现交互性学习的服务平台，因此纸质教材与立体教学资源的便捷连接是实现泛在式英语学习的必要条件。智能手机具有终端感触性、移动性和便携性等特点和可实现碎片化学习的优势，学生用户可以通过智能手机，利用移动互联网，摆脱时间、地域限制随时学习。因此，以下方式可以将智能手机与大学英语教材有效连接：

第一，将课程核心内容、通用知识呈现在纸质教材中，将与教材相关或可以更新调整的内容，如动画、视频、情境、习题、学习任务等多媒体内容以二维码形式关联，通过移动终端扫码，即可突破纸质媒体的限制，实现线下到线上的自然过渡，达到纸网交互、立体学习、助学助教的目的。为方便学生随时随地进行有意义的碎片化学习，手机终端的数字资源应该突出碎片化的特点，将与教材内容相关的知识结构模块化，并将这些模块以短小精悍的微课教程或音视频资料形式呈现，使学生能够依据个人情况自由选择、操作和学习。通过二维码将纸质教材与配套的数字学习资源连接，不仅使教材开发者的设计意图得到最大化、最优化的体现，也为今后实现丰富的增值服务奠定基础。

第二，加快研发应用软件的速度。应用软件因反应快速、应用广泛、操作简便等特点，

备受用户青睐。应用软件不仅可以提供纸质资源数字化的内容，还可以配套足量相关的网络资源与链接供学生进行开放性学习，学生可以选择自己感兴趣或薄弱的项目进行有针对性的自主学习。应用软件会提供有别于传统教学介质的生动、形象、易于理解的富媒体资源，能够激发学生兴趣，使学生拥有多维、多角度的智商和情商体验。

（三）开发交互式教材，重构学习知识体系

“互联网 + 教材”是互联网技术与教材的深度融合，数字教材会是未来的大方向，能将教材、资源、工具和平台逻辑整合的交互式英语数字教材，将成为未来英语教材发展的趋势。交互式教材整合移动学习、富媒体数字出版和云服务三大领域的前沿技术，对传统纸质教材教学内容进行多媒体编排设计和交互设计，依托多种平台与终端，可为学生提供丰富、可扩展、可互动、进度可跟踪、精致化的全新学习体验。

交互式教材要严格按照纸质教材的知识体系、语言学习理念和学生的认知规律，从三个层面实现立体化重构，为教学提供全程化的数字支持。首先，在富媒体层面将与纸质教材相关的内容以多媒体形式编排设计，并通过技术手段将之碎片化，以图像、文字、声音、视频、动画等多种表现形态呈现；其次，在知识库层面构建教学的知识资源库，关联教学辅助资源，拓展测评与评价资源；最后，在社区化层面建立人机、人人交互机制，师生在此可以生成资源、交流互动，实现资源共享。

除提供立体化教学资源外，交互式教材也能为学习活动、学习测评、学习档案及学习互动等提供完善的课程服务体系。通过及时跟踪学习过程和智能化的检测反馈工具，能形成学生档案记录，自动为学生推荐个性化的资源，形成面向不同个体的个性化课程，方便学生调整自己的学习方法和步调，实现个性化教学。在云服务环境下，交互式教材的数字课程是开放式的，学生可以依据自己的需求灵活选择学习内容，教师可以借助动态评价、教学反馈、个性化推送服务等实现高效教学。学生可以利用交互式教材提供的学习工具和创作工具做笔记、做演示、查字典、做标注，参与各种学习活动，开展深度学习。“交互式教材不仅提供良好的人机交互体验，可实现与课程中的学习资源互动，在学习、测评中提供有效的交互支持，而且借助嵌入的网络交流平台，能实现资源分享、学习答疑、个性化辅导等人际交互体验。”① 由于学习终端的多样化，学生还可以轻而易举实现泛在式学习。

（四）提供教育服务，促进教材优化和利用

数字教材的背后是大量的数据，数据背后是无数的教师和学生用户。数字教材的开发是一种以人为核心、循序渐进的开发。每一款数字教材产品都可能存在不足之处，因此要在持续迭代中不断完善，以满足用户的需求。教材出版商必须加强数字管理，不断健全教材数据库，实现“从教育内容提供商向教育服务提供商转变，从提供标准化教材向个性化教育服务转型”。一方面，出版商要重视数字教材的资源管理，将资源的增加、修改、删

① 李翠平：《“ 互联网 +”背景下大学英语教材的数字化建设》，《出版广角》2017 年第 16 期，第 76 页。

除等工作常态化，使其与时代和信息的发展保持同步；另一方面，在使用英语数字教材时，用户会留下很多的网络数据痕迹，出版商可以精确获取教材使用者的在线时长、学习内容、学习进度、学习成绩、跳转记录、媒体应用等方面的信息，从而形成大数据。利用大数据和云计算技术，出版商可以对数据实现收集、整理、分享，不仅可以通过数据分析发现问题、改善产品，而且可以轻松掌握用户的学习习惯和偏好，构建更为合理的教学、学习路径，为教师、学生提供定制化、智能化的服务，最终实现数字教材的持续建设和发展。

“互联网 +”时代的教材向数字化转型，会出现师生分离、借助互联网信息技术开展英语教学的新型教育模式，教育理念和教学结构将会随之变化，学生成为学习主体，教师在教学过程中的角色转变为教学的组织者和引导者。如何依托数字教材指导教学活动，如何引导、把控、评价学生的自主学习，是大学英语教师未来面临的现实而又迫切的问题。因此，出版商不仅要关注数字教材的研发，还要重视数字教材的使用。出版商必须为教师提供教学指导，帮助教师深入了解数字教材的设计理念，指导教师学习使用教材，整合技术、工具、资源开展课堂教学，从而确保教师能充分利用优质数字教育资源和互联网技术开展教学工作，提升大学英语教学质量。

在“互联网 +”时代，创新大学英语教材是社会、学校、课堂及学生的现实需求。出版商应该及时转变思想观念，针对多元化的英语课程类型，加快核心技术开发和复合型人才培养，稳步推进“教材 + 互联网”向“互联网 + 教材”的全面转型，为教学用户开发内容一体、开放互动的英语数字教材，并提供良好的教学指导和个性化课程服务，最终实现互联网与教材的深度融合。

五、基于英语教材数字化建设的教师专业发展途径

（一）合理有效地使用教材

教材为教师职业生涯、学术发展以及教学技能的个性化发展提供了必要的基础。作为教学的载体，教材是教学大纲和教学计划在知识内容与教学目标上的产物；在知识的呈现方式上，则是教学法的体现与应用。教师对教材的认识水平决定了教师对教材的使用程度与使用水平，对教材进行研读、深层次把握是教师专业发展的一条有效途径。教师对教材的实际运用，从教学维度而言，主要包括三方面：第一，对教学目标、教学内容的理解与取舍；第二，对教学环节、方法的设计与安排；第三，对教材联系的反馈、整个教材运用效果和经验的预知与回想。

教师对教材实际运用的三方面也揭示了教师运用教材的大致过程：第一，理解判断教材，获得教学目标、选择教学内容；第二，组织实施教材，采用一定的教学方法，安排教学活动环节；第三，预设和反思，检测教学效果，总结教材运用的经验教训。教师对教材的实际运用主要围绕上述三个维度进行。教材是编写者课程理念和教学思想的反映。通过对教材的数字化建设，教师不仅能了解“教哪些内容”“怎么教”，而且还能知道“为何

要这样教”。

以语言学习为主要内容的英语教材，蕴含了教材编者对语言学习规律的基本观念。通常而言，英语教材有两种常用的促进语言习得的方法：第一种是直接呈现语言现象，讲解语言规则，解释语言运用，设置大量练习；第二种是在教材中编入大量语言实践活动，使学生能够大量使用英语，在用的过程中接触、理解、掌握语言。通过对教材的分析与研究，教师能够探究隐藏在教材中的深层次的学习规律，来判断编者采用的是演绎过程还是归纳过程，是综合学习过程还是分析学习过程，是过程导向还是结果导向等。在此基础上，英语教师帮助学生创造出模拟的目标语境，充分发挥教师在指导性习得中的作用，并积极鼓励学生进行语言实践活动，促进语言习得。

现代外语教材的编写原则通常体现一定时期的学科前沿理论和语言教学思想，反映当时主流的语言学习和技能培养的方法。教材是编者教学思想和教学方法的物化，全面有效地使用教材，就能充分挖掘教材蕴含的教学方法，为教师提供语言知识处理和技能培养的方法指导。教材中的“任务”是了解教材设想的窗口，教材设计者关于语言学习的最佳路径的假设正是通过课堂任务的性质而变得清晰，教师和学生的角色由此得到界定教材中任务或练习的设计往往折射了编者的学习观，教师通过研究教材，理解教材内容是如何体现隐藏在其中的教学理念，领会教材编写者的意图，理解和学习编写者通过教材传递的教学方法，从而促进专业水平的提高。

如何从大量的语言素材中选择一小部分材料供学生学习，是教材编写者要考虑的问题。入选教材的材料通常要从语言材料的代表性、真实性和人文性等方面来考虑。对入选教材的材料进行细致分析，学习和探究材料入选的理由和原则，能帮助教师在整合教材资源、设计课堂教学、增删教学内容时提供方法指导，同时，也是教师进行校本教材开发和编写的有效学习途径。

（二）参与开发和编写教材

教师作为教材的第一使用者，作为实现教材编者与学生之间知识传递的桥梁，对开发和编写教材具有得天独厚的优势。教师在教材编写的过程中，通常必须考虑：围绕这门课程有哪些先进的语言理论、学习理论和教学理论，指导教材编写的课程要求是什么，教材如何平衡发展听、说、读、写这四项语言基本技能，使用该教材的教师如何开展形成性评价和终结性评价，教材该如何照顾学习者的个性差异，教材是否考虑了教师教学和职业发展的需要，使用这本教材需要怎样的支持性教材材料和教学资源。而通过这些问题的考虑，教师对该门课程会有透彻的了解，而个人的科研和教学能力也会得到锻炼和提高。

教师参与教材编写的过程实际上是培养教师自主学习的过程。教师从以前传授知识为主，变为现在以指导、辅导学生学习为主，成为学生建构意义的帮助者和指导者。教师通过领悟教材蕴含的自主学习理念，结合课程内容，激发学生的学习兴趣，努力创造符合教学内容要求的情景，提示新旧知识之间的线索，帮助学生构建当前所学知识的意义，并在可能的条件下组织和指导合作学习，使得这种意义建构更加有效，学生的自主学习能力得到培养，教师自身的专业素养也得到加强。

（三）参与课题研究和课程建设

一名教师只有走教学和科研相结合之路，才能将教育教学工作提高到新的境界。一定的教研能力是教师专业水平持续发展的保证，教师要实现专业的成熟，除具备娴熟的教学基本功之外，还必须对教育教学有所研究。对教材进行数字化建设，不仅能帮助教师摆脱对教材的过分依赖和崇拜，积极、自主、合理地选用和开发教学资源，应对教学情景中的种种不确定性，同时还能帮助教师发现教学实践中存在的一些具有研究价值的课题，参与课题研究；还能不断丰富自己的课程知识，逐步培养课程意识，完善课程建设。教师通过参与课题研究和课程建设，可以提高教师的士气，增进教师对学校课程的归属感，提高教师的工作满足感和责任感，使教师对教学和科研有更多的投入，并重建教师的知识观和教师与学生之间的教育关系，形成良性循环，促进教师专业的发展。

六、教材数字化建设的步骤与具体方式

（一）教材数字化建设的步骤

"互联网 +"背景下对教材进行数字化建设，通常要遵循：第一，教师要认真研读和把握课程标准。课程标准能够为教师的教和学生的学提供语言观、语言学习观和语言教学观的规范性指导。课程标准通常会对课程性质、目的、要求和任务等做明确阐述和规定。教师以课程标准作为教材开发的基本指导思想，因地制宜地灵活使用教材。第二，教师要确定教学目标并结合教学对象对之进行详细解读。教学目标确定的过程实际上是一般性目标具体化为特定目标的过程。教师要结合学科目标、课程目标、学生的认知水平、知识技能水平、学习动机、学习风格、学习期望等方面的特点及实际的课堂教学情况，确定、描述并细化教学目标。第三，教师在教学目标的引导下从原则、方法、维度策略和技巧等角度对教材内容、结构进行调整和加工，在此基础上确定教学策略，形成教学方案，设计课堂教学，制作教学课件。在教学过程中随学生的反馈和实际情况及时变通和调整，最后在教学行动后实施评价。

（二）教材数字化建设的具体方式

1. 增删与整合教材内容

教材编写者在编写教材的过程中通常会追求内容和体系的普适性，它并不是专门为某一特定的学生群体而制定的，教材的内容和体系与某个学习群体的需求难免有出入。因此，教师在使用教材时要充分考虑学生群体的特点和需求，对教学内容进行重新组织以增强教材对该学习群体的适用性。教师在教学过程中可以根据实际需求对教材内容进行适当的删

减，对教材和教学资源进行合理整合。

（1）补充与删减教材内容。补充和删减教材内容是教师处理教材时常用的方法。教师对教材内容补充和删减时要清楚地知道补充和删减的目的、形式和内容，才能保证教材在教师的处理后仍然符合教材编写的准则、课程标准的需求及学生的需求。通常而言，对教材内容进行补充不外乎三个目的：第一，使教材内容和体系更完整、更全面；第二，使教材更加符合学生的需要；第三，使教学内容更加贴近学生的实际生活，增强教学内容的趣味性。换言之，补充教材的内容是为了弥补原有教材在选材上的不足，而且通过补充的内容能使教学内容更适合教学情境和学生实际情况，更能激发学生的学习兴趣等。

教材需要补充，往往是这些原因：第一，课程标准要求学生应该掌握的内容在教材中没有体现或体现不够；第二，教材各部分内容衔接不切合学生实际；第三，教材呈现的内容不足以让学生对知识进行充分的理解和掌握；第四，近期校园内外、国内外发生的事件与学生和生活密切相关或是与所学内容有所联系。例如，在英语课堂补充英语文化背景知识，让学生了解英语国家或民族的历史地理、风土人情、生活风俗、行为规范、价值观念等方面的内容，可以帮助学生在了解英语国家文化的基础上正确理解和使用英语。

（2）整合教材和教学资源。教材内容的整合既包括教材内部某一单元知识的整合，还包括不同单元间相同或相近知识的整合、不同版本教材内容或不同学科知识的整合。教学资源的整合则是教师对所拥有的各种资源根据实际的教学需要进行筛选、重组和利用的过程。整合教材和教学资源能使教学更切合学生实际的认知水平和兴趣，使教学内容更容易为学生所接受。

2. 调整与设计课堂教学

调整教材的顺序包括单元间顺序的调整、单元内课与课之间的调整，还包括每一课课内板块的调整等。教材的编写虽然有从易到难逐步过渡的安排，但是难易没有绝对的标准。教师在使用过程中可根据教学需要对教材的顺序做适当调整，既可以综合各个板块的内容，也可以打乱编排的顺序，以寻求最佳的教学效果。

教学计划是教师根据教材内容所进行的预先安排，但教学活动却不是完全遵循计划而展开的，学生的主观能动性及不同的教学内容都会影响教学计划的实施。因此，教师可以根据教学内容的难易程度与学生对教材内容的理解和接受程度做适当调整，加快或减缓教学进度。而这需要教师在教学过程中不断地积累经验，熟悉教材，了解班级整体情况和学生个体情况，以期使教学取得最佳的效果，使每一个学生能学有所获，最终达到预设的教学目标。

3. 设计与制作教学课件

教学课件是根据课程标准（或教学大纲）要求，分析教学目标、教学内容、教学任务和教学活动，通过对展示内容、结构及界面的精心设计而加以制作的课程软件。现在意义上的课件基本是指多媒体课件，即根据课程的要求和教学需要，经过严格的教学设计，并以多媒体的表现方式和超文本结构制作而成的课程软件。课件制作能力已经成为教师专业发展的一部分。教师应当在新的教育理念下，借助教育设施与资源的信息化，在课堂设计中体现“以学生为中心”的理念，促进学生的能力发展。课件集各种信息素养于一身，是教师智慧和能力在多媒体条件下的体现。教师研读教材，将教材内容转化成可供操作的教案和课件，并通过教学实践检验课件的有效性，发现需要改进的地方，再求助于相关的理论知识，修正课件，如此不断地循环往复，形成良性循环，使教学水平得以不断提高。

“互联网 +”背景下多媒体课件的制作是一种集教育、技术、艺术于一体的创作。一个优秀课件的设计、制作离不开教育科学理论的指导，同时也要求教师具备较高的教学水平及较强的技艺表现能力，将教学内容与多媒体表现形式紧密地结合为一体，使之更好地服务于教学。课件的设计与制作要遵循“源于教材，高于教材”的原则。“源于教材”是指课件的主要信息内容基本来源于教材。教师要以教材为纲，把握住教材的主题和主要内容。课件的研制要服从、服务于教材，与教材内容相呼应。“高于教材”是从表现形式上对课件提出的要求，由于教材内容属于文本信息，在容量和表现方式上是有限的。而多媒体课件能传递听觉和视觉的信息，比传统教材更为直观。但教师也要注意，教学方法和工具总是服务于教学目标的。在教学过程中，无论采用何种教学方法和工具，最终都是为了更好地实现既定的教学目标。

第三章　“互联网 +”背景下英语教师多维体系发展

第一节　学习型组织理论与英语教师的自主发展

一、学习型组织理论

“学习型组织”是当代组织理论的重要概念，是现代管理科学研究的核心问题之一。在这个领域中，研究者要解决的基本问题是（企业）组织如何适应竞争激烈、变化莫测的时代环境，增强自身竞争力，以追求组织的生存与成功，延长组织寿命。因此，在传统组织模式和管理理念越来越不适应时代要求的情况下，以美国麻省理工学院教授彼得·圣吉为代表的西方管理学者，吸收了东西方管理文化精髓，提出了建立以“五项修炼”为基础的学习型组织理论。根据彼得·圣吉的观点，学习型组织是一个不断创新、进步的组织。组织的成员发挥其能力创造其渴望的结果，培养新的思想形式，塑造集体氛围。学习型组织的真谛是让每个置身其中的人都活出生命的意义。目前，学习型组织理论的影响也已经超越了管理学界，辐射到社会的方方面面，各种学习型组织形式竞相出现，如“学习型社会”“学习型城市”“学习型社区”等。这是因为学习型组织理论本身就是关注每个人如何发展的理论。

“五项修炼”在管理界亦称为建立学习型组织的“圣吉模型”。“五项修炼”是建立学习型组织的学习途径，也是基于人本理念的学习型组织的标准。“五项修炼”已经成为建立学习型组织的五项技术，使得学习型组织演变成一种管理科学模式。“五项修炼”的具体内容如下：

第一，实现“自我超越”。自我超越是学习型组织成员实现自己理想，不断突破自己的极限，完成自我实现的动机和行动的技巧。自我超越的修炼是学习型组织的精神基础和支柱。自我超越首先要求学习者不断厘清和加深个人的真正愿望，集中精力，培养耐心；其次要在不断的学习中，客观地观察现实，了解所处环境的真实情况。组织整体的学习愿望与能力，是基于组织个别成员的这种自我超越的学习意愿和能力。所以，对于学习型组织而言，它要设计出鼓励每个成员不断成长的个人职业生涯计划；对于成员个人而言，他们需要廓清自己真心向往的理想，并以此为起点，让个人为自己的最高愿望而生活。

第二，改善“心智模式”。心智模式是心理学的常用概念，它指的是存在于人们大脑中的许多设想、信念或图像、图式、认知结构等主观的思维方式。心智模式是人们心中根深蒂固的观念系统和知觉系统，它源于过去的经验和认识过程，又时时刻刻参与我们对现实事物的认识，影响着我们看待世界和对待事物的态度。改善心智模式就是要求组织成员必须学会用“新眼睛”看世界，具体要求包括三方面：①把镜子转向自己是心智模式修炼的起步，学会发掘内心世界的图像，使这些图像浮于表面，并严加审视；②有效地表达自己的想法；③以开放的心态容纳创新的观点。

第三，建立“共同愿景”。共同愿景是指组织中人们共同愿望的景象。建立共同愿景就是要求组织的全体成员拥有一个衷心向往的共同目标、共同接受的价值观、共同体验的使命感，在这个基础上，使每个人团结在一起，主动学习，为实现大家内心渴望的共同目标而努力。共同愿景有三个层次，即个人愿景、团队愿景和组织愿景，它的作用是为组织学习不断提供学习的焦点和强大的动力。所以，共同愿景的修炼是组织凝聚组织成员，构造生命共同体（学习型组织）的过程。

第四，组织“团队学习”。在现代组织中，学习的基本单位是团队而不是个人。因而，团队学习尤为重要。团队学习的修炼目的是激发群体智慧，发展团队成员整体搭配能力和提高实现共同目标能力的过程。当团队在真正学习的时候，不仅整体产生很好的成果，而且成员成长的速度也比其他的学习方式要快。在团队中，可以让每个成员开展自由交流、讨论，以发现远比个人深入的见解，从而克服有碍学习的自我防卫心理。

第五，强化“系统思考”。系统思考源自系统动力学，圣吉将其作为学习型组织的核心概念。系统思考要求人们运用系统的观点看待组织的发展，即从局部到整体，从事物的表面到洞察其变化背后的结构，从静态的分析到认识各种因素的相互影响，进而寻找一种动态平衡。系统思考处于统摄和整合其他四项修炼的首要地位。系统思考可以强化其他每一项修炼，融合整体能得到大于各部分总和的效力。

以上五项修炼是一个内在关联的整体。“系统思考”需要有“建立共同愿景”“改善心智模式”“团队学习”与“自我超越”四项修炼来发挥它的潜力。“建立共同愿景”在于培养成员对团体的长期承诺的坚持。“改善心智模式”在于以开放的方式，反思认知方面的缺点失误。“团队学习”是发挥团体力量，使团体力量超乎个人力量的总和。而“自我超越”则是不断反思个人对周围的影响。因此，我们在运作学习型组织时要采取全方位建设的态度，这样才能真正发挥学习型组织深厚的潜力。

二、英语教师的自主发展

所谓自主，就是凭自己的主观意识，积极地、自觉地、主动地进行学习的一种精神状态、一种态度。它发自于个人的主观意识，而不是被动，不是强迫。发展是指人作为生命个体从出生开始，随着年龄的增长，知识和社会经验的增加而带来的生理和心理的变化过程，它包括人的生理发展和心理发展两个方面。在人的发展中，发展的内在动力是社会的要求和需要所引起的个体的与原有发展水平之间的问题。

自主是自己的主动性，能动性，有自己的思想和自己的灵魂。发展是人的发展，个体的发展，也就是指教师有内在的发展需要，不断地在教学工作中创新进步。那么，教师的自主发展就要求教师在遵循教学规律的基础上有自己主观的创造改革，不断探索新的教学途径和方法，优化课堂教学结构，使学生在教师自身的不断发展完善中进一步学习和掌握知识，并形成能力，成为全面发展的人。教学有法而无定法，教师对自己的各种教学活动都必须在观察和分析劳动对象的基础上，进行创造性的设计和实施，这就需要教师有自己的主动性。讲课的内容虽说有教科书，但必须进行教学教法的加工。教科书是死的，教师要通过自己的主观意识的整理加工，把它变成活的教材，这样更有利于学生的接受和理解。

自主性是主体性的实质性内涵；自主性是人格的内在统一性的核心要素；自主性是经过学习获得的动机系统；自主性的形成以自我意识的形成为开端，即自主性的生成，是以自我意识为前提条件的，即有了理想的自我和现实的自我的意象。自主能力的形成过程中，认知、情感、价值观起很大的作用。

自主性有个性层面和社会层面，二者的关系是：第一，个性是通过社会性的交往学习而完成的，社会性是个性中的真实内容，社会性统一于个性之中。社会性主要是社会价值的体认和形成一定的社会责任感。第二，个性层面主要是自信和自尊。围绕着自主性的问题，我们会进一步认识到自主性还与以下方面相关联：主体性、人格内在统一性、自主意识、自主态度、自主能力、个性（自信、自尊）、社会性（价值、责任感）。

（一）教师自主发展的性质

教师自主发展的性质主要体现在以下方面：

第一，教师自主发展是教师根据自身和环境条件的特点，采取主动、积极的方式，制订符合自身专业化发展的目标和计划，并努力使之实现的行动或行为。在教师专业化自主发展中应重视教师的内省和自我探索，而不是简单地发现并模仿优秀教师的教学行为，这也是建构主义的专业发展观。

第二，教师自主发展是教师互助合作、融入教育组织的过程。教师自主发展需要教师的相互支持与合作，为此，教师应积极加入相应的教育组织，在寻求合作的同时，获取在教学和相关研究领域前沿的学术动态和信息资源，从而丰富和更新自己的教学理念，实现发展与创新。

第三，教师自主发展是教师终身持续成长的动态过程。教师专业素质和能力的发展是永无穷尽的，加之教师个人、环境和外部条件始终处在不断调整和变化的状态，其复杂性决定了教师专业化自主发展是教师终身学习、不断进步的动态成长过程。

（二）教师自主发展的特点

第一，发展需求和愿望的内在性特点。教师的自主发展需求和愿望是内在的，这种需求和愿望是根据自我意识，基于个人的人生价值与意义的追求愿望和目标而产生的，称为自我超越的意识，是自我超越的内在依据和动力。

第二，发展内容的个体性特点。教师自主发展的发展内容具有个体性，即发展的是个体的内在潜能。不是为了达到外在的标准，而是为了发展个体内在的潜能，即具有个性特点的兴趣、爱好和才能。这里的个体性并非排斥社会性。我们已经看到，自主发展型教师是尽最大可能发挥个人潜能，在承担和履行个人作为知识人的社会使命方面达到最优化的人。因此，他们的自主发展是个性与社会性和谐发展意义上的。

第三，发展个体的自觉主动性特点。自觉主动性是发展个体的主体地位和主体性的集中体现，与被动消极相对应，也是能动性的体现。教师的自主发展是一种自觉的、主动的发展状态，是基于教师的主观能动性的自我超越活动。自觉主动是一种发展的状态，这种状态形成教师的一种日常的生活样式，表现为行为的方式，但实质上是人性中能动性的表现。

第二节　教学反思与英语教师的专业发展分析

一、教学与教师反思解读

（一）教学反思

教学反思是教师对于教哪些内容和如何教的问题进行理性和有伦理性的选择，并对其选择负责任。值得注意的是，随着研究的不断深入，研究者开始意识到，教师的反思不应当仅仅被看作是一个客观的、理性的逻辑推理过程，而应当将其看作是一个与情感、关怀密切相关的过程。

此外，教师主体对自身、教学实践、教育观念、教育经验和教育行为等进行思考、审视、批判以及自我调控的一种积极的认知加工过程，是一个动态的过程，包括以下方面：第一，用新的理论重新认识自己的过程；第二，用社会的、他人的认识与自己的认识、行为做比较的过程；第三，不断搜寻他人对自己认识、评价的过程；第四，将自己转化为他人，站在他人的角度反过来分析、认识自己的过程；第五，在解构之后又重构的过程，一个在重构的基础上处于更高水平上行动的过程。

（二）教师反思

1. 教师反思的内容

（1）教育观念反思：旨在吸收、内化外在的教育理论，并结合自己的教育实践和职业生活，形成自己对教育的个体性的认识。

（2）课堂教学反思：旨在获得有关教学的实践性知识和缄默知识（教学策略知识、课堂情境知识、课堂应变知识等），以及教学的计划与准备、组织与管理、检查与反馈、控制与调节等教学监控能力。

（3）学生问题反思：旨在了解和把握学生学习和心理发展中的问题，包括学生学习的特点和个性心理的特点，以便更好地认识自己的教育对象，更有效地因材施教。

（4）教育现象反思：旨在透过现象看本质，把握规律，转换思维，提升能力。

（5）人际关系反思：旨在建构一个和谐的师生关系和教师间的人际关系，为用脑教学和用心工作奠定心理基础和人文环境。

（6）专业水平反思：旨在分析和把握自己的专业发展状况，制订完善专业结构、提升专业水平的规划和措施。

（7）自我意识反思：旨在不断地认识自我、评价自我、设计自我、超越自我。

（8）个人成长反思：旨在通过对个人成长的过程和影响因素的分析，认清自己成长的特征和阶段，进而制订自己下一步成长和发展的规划。

2. 教师反思的特性

（1）自省性。教师的反思是教师自身自觉地把自己的教育教学实践作为认识对象进行的反观自照，对自身教育实践和活动进行多视角、多层次的观察、思考、分析和评价，从而重新做出价值判断和选择的过程。在这个过程中，有新旧观念的激烈交锋，有对与错、优与劣的价值判断，有为与不为的重要抉择，有自我评价与他人评价的矛盾，有习惯行为与现实需要行为或理想行为的行为选择。这些都是在心灵深处展开的，看不见摸不着，他人也无法窥视和描摹。因此，自省性是教师反思的首要特征，教师自身既是反思的主体，又是反思的客体。

（2）主动性。无论是何种反思，都是教师主动对教育实践过程进行的回顾和审视，是教师对自己已经做出的教育决策、教育行为及其产生的结果主动进行的反观自照和思考。因此，反思的过程是通过教师主体独立地、自觉地对自己的教育教学实践活动进行认知加工的过程，既有主体的认知因素的参与，也有非认知因素的参与，具有主动性的特征。

（3）自我调控性。教育实践是一个复杂、动态的过程，为保证教育教学活动高质、高效地进行，有效的教育反思要求教师提高自我教育调控能力和应变能力，能够在教育实践活动的全程加强自我监控，及时地反思自己的教育教学观念和行为是否适宜，时刻关注学生的学习和发展状态，关注所使用的教育方法和手段，善于捕捉教育教学中的灵感，及时调整教育策略的选择，顺应学生发展的需要，以达到最佳的教育教学效果。而这一系列的措施，实际上是教师根据自己相关的专业知识和已有的经验知识，对自身教育教学实践中所遇到的问题进行的自我调控活动。

（4）自我批判性。批判是一种思维方式，是指基于事实进行合理的质疑、推断和辨析的思维过程。反思是一种行为方式，是指思考过去的事情，从中总结经验教训；如果人们能够在对过去的事情进行回顾、总结、分析的过程中，加以辩证的质疑、比较、评价，就能够得到更多、更为深刻的结果，甚至从中能得到一些规律性的认知，以便得到更好的指导。有效的反思具有自我批判性，需要教师对自己的教育教学行为进行构建、审视和回顾，对自己的教育实践和行为经常持有一种积极、健康的怀疑和自我批判态度，有较强的问题意识，能够排除定式思维和行为的传统惯性，尤其是勇于否定自我，对自己的教育教学活动进行持续的自我评价和改进，是一种定式的思维和对自我的超越。

批判反思是众多形式中较为特殊的一种，它可以围绕问题的中心点进行严密而连贯的思考，从而引出相应的概念或知识。这种批判反思的方法在教学中的应用是跳出教师自我思维束缚，重新审视整个教学过程，客观全面地剖析教师日常教学行为，从而产生新的更趋合理的教育教学方案以指导自己后续的教育教学行为。具有批判反思意识的教师善于从不同角度对自己的教育教学活动进行审视，并在实践中进行原因分析及改进方案。高校教师需要具有以下三方面的特质：

（1）高校教师渴望自身能够得到持续的职业发展和能力提升。这是教师进行批判反思的内在动机和深层次的需要。这种积极向上的内在动机，使教师提高了对教师职业的深层认识，在发挥自身主观能动性、提升专业水平，提高教师综合素质方面起到至关重要的作用。教师在逐渐掌握这种批判反思的技能后将其应用到实践中，对提升教师的专业修养、升华自身的专业知识和促进教学创新能力的发展起到重要作用。经过长期锻炼，教师逐渐形成批判反思的习惯，我们称之为高校教师的职业批判反思习惯。

（2）高校教师批判反思的基础是具备谦虚自悟的品质。要求高校教师敢于承认缺点和不足，并具有渴望努力弥补的需要。谦虚是一种高尚的品德，是勇于承认自身知识非常有限并采取积极措施努力改变的一种态度。承认自身有缺点是寻求进步改变自身的良好开端。高校教师具备谦虚的品质才能懂得学习是一个对未来充满好奇并努力探寻的过程，通过这个过程的实施将教师打造成可以被塑造的人、不断学习的人。工作谦虚的教师具有包容心和开放性，能够主动客观地接受外来思想、知识和技能，渴望获取新知识，希望努力学习提升自我。力求远离保守和自我封闭，不愿墨守成规，对各种有价值的观点反复斟酌、认真研究，积极吸纳各种新的东西充实自己的知识与能力结构，在各种挑战中质疑、检验自己的固有价值体系和方法能力，最终能够成为自我世界的批评家和创造者。

（3）教学相长，师生互动获得成长。主动和学生交流，加强自我监控，教学相长。

大学生是高校教育教学过程中的主要参与者，也是教育教学活动成败优劣的获得者、评价者。透过学生反馈，高校教师可以检查自己的教育教学实践是否达到预期目标，检查达成目标的路径、方法是否值得优化。为此，高校教师要从学生口中得到对自身教学成果的真实评价，要不断提高自身心理素质，重视学生的地位，勇于并正确地面对学生指出自身在教学过程中出现的问题。以学生为根本，尊重和理解学生，以学生的视角感受问题的发生并诚恳接受学生的合理建议。这样良性互动就会形成融洽向上的学习氛围，既有利于学生健康成长也提升教师的教学质量，最终促进师生互动发展和提高。

二、英语教师的专业发展分析

（一）教师职业的形成与发展

经历了个别化教育之后，在普及强迫教育的过程中，教师逐渐发展成一个全职的职业，并系统地承担起传输知识、价值、意识形态的重要角色。20 世纪 60 年代，为提高教师微薄的经济收入、改善其社会地位，始有教师专业化的动议。随着教育改革在全球范围内的兴起，教师专业发展在教改实施中的作用受到关注。进而，通过对“专业性”提出不同诉求，各利益群体从不同角度对教师专业发展加以界定和推行。

1. 个别化教育时代的教师

汉代的太学博士，常为儒学最优之士，必博阅经典，履行忠义，年四十以上。到唐代，要求教师在学识上，不仅通经，且能讲解分明，问十得九。在品行上，德行纯洁，仪型可为师表。而实际上，据《通典》记载当时一般的教师则已“多以寒门鄙儒为主”。到明代以后，成为教师的人多数是科举考试的失利者，至清代，捐纳即可成为教师，其实则只为捐官。可谓流品趋杂，师道荡然。

然而，在观念层面，“师”一直被奉为很高的地位，所谓“天、地、君、亲、师”并立。“师”之所以能够获得君王乃至所有人的尊重，主要因为“师”承担着“传道”的功能，而“道”则是当权者用以维持统治的工具。从这个角度来看，对教师的重视并非基于教育自身目的的诉求，而是为了巩固统治的需要，其中最为核心的功能是为意识形态再生产服务。西方社会也经历了大致相同的发展过程，在古希腊时代，上层阶级（自由民）在其奴仆中选择老成知礼、孱弱不胜劳役的人陪伴孩童上学。中世纪开始，教师主要由神职人员兼任，直至 19 世纪初，欧洲各国的教员也都不是由受过专门训练的人充当，大多是教堂里的唱诗人、旅馆的掌柜、皮匠、泥水匠、木匠等。同样地，在观念层面上，教学也被看作天职，甚至与神职同类。教师也被看作传统价值的传承人，是高尚道德的模范。教师群体在形成之初，由于其重要的社会功能，受到国家和社会层面的重视，赋予其较高的文化地位。

2. 制度化教育体系下的教师

从近代开始，由于基础教育的普及以及各级各类学校的发展，教师数量得以增加，而且由于授业本身的变革，教师才成为一种职业。由于学校已成为"公共教育机构"，也就需要形成一定的标准与规范，从而催生了教师职业准入标准与执业规范的形成。同时，为了提高教学效率，对教学本身的研究也开始系统化，这也为教育学科进入高等教育机构奠定了基础，并进一步为培养符合标准的新一代教师提供了条件。

然而，从社会环境的因素来看，教师专业化的过程也正是各国普及教育的过程，隶属于学校这一公共机构当中的教师所提供的服务具有明显的公共性。而作为一项公共事业，当教育越来越多地被认为关系到公民的素质乃至国家的命运时，提升教师的资格和素质要求、加强教师问责也就成为题中之义。同时，教师在课程实施领域中逐渐丧失了自主权。相比于个别化时代的教育，近代工业社会背景下的制度教育，则要求教师在标准的、系统的、公共经验的基础上工作。

（二）社会建构的教师专业性

从教师职业形成的历史发展中，可以发现教师被认为理应对国家意志和社会期望的各种诉求慎重其事。需要注意的是，这些社会期望可能转化为评核教师的标准，以此深刻地影响教师的工作。几乎所有改革都会打着提高教师专业性的旗号，要求他们发展自身的素质以助实现教育改革的目标。"教师专业性"表达了不同时代、不同社会群体对一个"专业的教师"所应当具有的特点和品质以及所应达到的标准的理解和期待。然而，来自不同立场的要求往往不尽相同，甚至有可能相左。因而教师专业性的内容并非固定不变，而是由社会建构（socially constructed）而成，具有动态的特征。在具体的社会情境中，不同的利益相关者（stake holders）以各种方式阐明自己的诉求，其中主要包括两个不同层面：一是学术研究者对教师专业性的应然状态所提出的规定性要求，可称之为"规定的专业性"；二是某些特殊的实权群体所提出的指令性要求，可称之为"指令性的专业性"。以下从纵向和横向两个维度针对"规定的专业性"进行探讨：

1."教师专业性"理解的发展

一般而言，教师专业性的研究都会从三方面对教师所需具有的素质加以讨论，即教学所需要的知识与技能、一定的道德责任以及专业自主权。从纵向维度来看，对教师专业性的认识发展可以分为四个阶段：第一，在前专业时期，教学偏重于管理，教学任务相对单一，根据经验和常识即可进行教学。第二，20世纪60年代以后进入自主专业时期，教师的地位、工资、国家资助和自主权都有所提高，教师之间缺乏沟通。第三，到了20世纪80年代中后期，进入同侪专业时期。学校教育在结构和体制方面发生了很大转变，而教师间的合作学习更加有助于解决教学中的实际问题，合作的教学文化逐渐兴起。第四，进入21世纪，在经济全球化和教育市场化的冲击下，进入后现代专业性时期。教师除了要继续争取合理的专业地位，还要发挥教师之间、教师与家长和社群之间合作的功能，并聚焦于教学以抵制去专业化的趋势。对历史阶段的划分或许不那么精准，但也大致说明了对"教师专业性"

界定的历史转合，大体与前文对教师职业形成历史发展的梳理相契合。

2. 教师专业性的五种类型

从横向来看，哈格里夫斯和古德森对既有的教师专业性的概念进行了概述，归纳并提出了五种专业性：第一，古典型专业性，指的是社会学立场上的专业性，强调专业发展就是力图为教师专业澄清知识基础，从而寻求一种“科学的确定性”；第二，灵活型专业性，注重“共享的专业社群”和“合作的文化”的建立；第三，实践型专业性对“知识”的界定更趋于个人化，强调“个人实践知识”和“反思性实践”；第四，扩展型专业性指的则是要求教师突破个别教师的限制，发挥同侪间合作的功能；第五，后现代专业性要求教师应关心教育活动中的道德与社会政治目的，认为教师专业性应当包含审慎地判断、积极地关心学生、合作的文化、持续学习等。对“规定的教师专业性”的不同诠释表达了研究者对“教师素质”的认识，也表现出教育发展内部对专业教师认识上的更新。虽然不断有“新的专业性”被提出，但其中也不乏共通之处。例如，重视实践的作用，承认教师个体的实践知识，主张以此为基础进行反思；认为教师个人有权利且有能力参与到课程开发、教育研究等活动中；强调教师之间、教师与其他利益相关者的合作等。基于这些共识，教师专业发展也逐渐拓展为不同的方向。

（三）教师专业性发展的深入

教师专业性是教师专业发展的目的，而教师专业发展是实现某种教师专业性的手段。以社会认可的专业为理想范型所开展的教师专业化，在理论和实践中遇到重重困难，进而研究者开始由向外寻求地位、经济之提升转而向内强调教师专业性的发展；研究的重心由专业化这一社会学议题转为教师专业发展这一教育学议题；研究的落脚点也由探讨期望的专业性转为考察实际的专业性。在研究兴趣和方式总体调整的背景下，教师专业发展的理论和实践开始发掘教师实践知识的价值，尊重教师在自我成长和专业工作中的自主权，注重以实地为本实施教师专业发展。

1. 教师专业发展的内涵转变

（1）由专业化到专业发展的过渡。无论从理论研究、政策制定还是实践发展的层面来看，使教学成为一个专业都先于教师专业发展而发生。然而，“专业”这个词在初期被认为强调权利多于责任。教师专业化存在两个目标：第一，视教师为社会上职业层序乃至社会分层中的一个阶层，因此专业化的目标就在于争取专业的地位与权利以及力求集体向上流动；第二，教师亦是一个在教室内教导学生及提供教学服务的工作者，因此他们亦必须以提高教学水平及扩展个人知识及技能为发展方向，并且以发展教师“专业能力”为目标的取向被称为“专业发展”。

（2）教师专业发展的过程。教师专业发展目前已经成为教育领域的焦点，诸如“教师成长”“教师学习”“教师发展”等与其相近的概念也层出不穷。但是，在很多情况下人们是在宽泛的、不严格的意义上使用，这主要是因为人们对教师专业性的理解和要求不同。因而，作为促进专业性发展的过程，教师专业发展也就呈现出不尽相同的聚焦点。概括而言，在教师专业发展过程中，教师独自或者和他人一起检视、更新和拓展教学的道德目的；在与儿童、年轻人和同事共同度过的教学生活的每一阶段中，教师批判地学习和发展优质的专业思想、计划和实践必需的知识、技能和情感、智能。而从形式上来看，教师专业发展不仅包括有意识组织计划的各种活动，而且还包含所有自然的学习经验。

由此可见，这些相关活动和经验直接或者间接有益于个体、团体或学校，而其最终的目标就是提高课堂的教育质量，服务于学生的发展。但同时，教师个人在专业发展的过程中也能够满足自身成长的需要，从而获得一定程度的幸福感。长期以来，人们强调的始终是教师对于社会的工具价值，忽视了教师自身的需要，而教师专业发展则有助于唤起教师职业的内在尊严与欢乐。也只有在此基础上，不仅教师个人的专业身份认同随之增强，教师群体的专业水平更加被社会所肯定，其社会地位和声望也会相应提高。也就是说，教师专业发展并不排除最终以提升教师的社会地位、提高教师职业群体对经济资源和政治权力的获得为结果，两者的发展可谓相得益彰。

2. 教师专业发展实践的深入

对专业发展内容的理解在一定程度上决定了其所采取的形式，由此，在“教师专业发展”内涵相对概括的界定之下，其实践探索却呈现出更为活泼、更为丰富的多重样貌，共同为提高教育质量发挥作用。

（1）不足取向的否定。教师专业发展课程是建立在“不足—培训—掌握”模式的基础之上，这种模式主要是对教师知识的“过时”或实践中的“无效”予以改进，预设教师在知识、技能和素质上的不足，并用行政指令和官僚体系制约教师专业发展以及教师教育的方向。然而，“不足模式”的培训课程往往是失败的，更无法适合教育改革持续发展的需要。进入知识经济时代，教育对知识再生产和传播的作用愈加重要，而其内部所要面对的核心议题也更为复杂和多元。在教育目标上，表现为由过去单纯的“知识本位”和“学科本位”转变为“能力本位”，重视探究、创新能力的培养。在方式上，表现为由单靠国家和教育行政来发动，转变为由教育系统内部各部分之间以及教育系统和社会其他部门之间的合作。亦更根本地在对价值基础的理解上体现为“人的价值”受到关注，不仅是学生，教师生命的价值日益得到尊重。基于对过去教育变革和教师专业发展“不成功”的反思，新近的研究不再把教师看作被动的需要被改变的对象，而肯定教师是一个主动的学习者和反思的行动者，并把学校看作学习型组织，是进行教师专业发展的最佳场域。

（2）教师专业发展的多元取向。对于纷繁复杂的教师专业发展理论与实践，国内学者归纳出三种取向，分别是理智取向、实践—反思取向和生态取向。理智取向强调“知识基础”对于教学专业的重要性，而这种知识主要是科学的知识，主张教师通过掌握这些知识提高专业性。而实践—反思取向则对知识的理解有很大不同，它将教师的专业性建基于个人的、实践的知识上，教师通过反思、自我理解实现专业发展。而生态取向则更关注教师专业的社会、政治、经济、文化背景及其相关因素之间的关系。虽然在实践领域三者往往也相互补充，但新近的教师专业发展对于后两种取向更为青睐。这自然与对“教师专业性”理解上的重心转移不无关系，目前的研究更加强调教师专业发展的实践性、反思性和合作性。

第一，新的教师专业发展理念肯定教学实践对于教师成长的重要价值。教师可以在教学实践之外获取现成的“真理式”的知识，并自然而然地应用于自己的实践当中，这种将“知识”与“实践”两分的做法受到了不少批评。事实上，教师若要掌握一种新的教学方法和策略，需要依赖于实践，“处方式 / 讲座式”的模式虽然能帮助教师增加对新的教育理念和教学方法的了解，但如何将这些间接认识内化为教师个人的直接认识，从而在教学实践中适切地加以运用，还需要经过理解、消化和摸索。此外在讨论教师专业发展时，必须考虑教学实践的特征和作用。让教师回到真实的教学环境中去学习，是帮助教师真正掌握有关教育理念和技巧最实际的方法。

第二，新的教师专业发展理念拓展了对教师专业知识的理解，重视教师行为的实践取向。正是因为教学是一种具有高度丰富性、复杂性和情境性的特殊实践活动，对于身处其中的教师而言，实践性知识才是他们真正信奉的知识，并在他们的教学活动中实际使用和表现出来。这一类知识超越了理论知识，是教师在具体情境的互动中建构出来的，凝聚于个人主观的知觉和经验当中，构成教师认知和实践的必要基础。

因此，教师专业发展不能仅仅理解为线性的知识、技能的积累，而是教师个人的整体性发展。这种发展不是依赖外在的技术性知识的灌输而被塑造的，而是一种自我理解的过程，即通过反思性实践变革自我、自主发展的过程。也就是说，教师实践知识的增长必须经由教师的反思方能实现。教师专业发展作为一种学习，被理解为一种学习者解决其内部矛盾的自我调控过程，它必须通过具体的经验、合作的对话以及个人的反思而达成。目前，这种已被各方所熟悉的建构主义学习观也较为广泛地应用于教师专业发展领域。以此观点探讨教师发展的问题，焦点集中于如何培养教师成为一名反思实践者，让他们通过行动中的反思改善其教学实践。

另外，以合作的方式开展教师专业发展活动也成为主要的策略，这是因为，教师希望获得能够帮助他们优化课堂教学的持续的专业发展，而伙伴同侪合作则是获得这类支持的重要途径。作为教学实践情境中的重要构成部分，情境中的人也是教师获得专业发展的丰富资源，也正是在与情境的互动中，教师的反思才得以促动和维持。这种合作除了学校内部教师之间、教师与学校行政之间，还包括学校与大学、教育团体等多方建立和发展伙伴合作关系。其实，合作式的教师专业发展原本就是我国学校实践的传统，诸如教学观摩、集体备课等活动也都受到研究者的重新考察。以此为基础，建立一种具有支持性的组织文化，形成合作的持续发展氛围也受到关注。

综上所述，教师专业发展不仅受教师个体特征的影响，学校的支持条件也发挥了莫大的作用。教师不可能脱离学校场域在真空中进行专业成长，教师专业发展是个体教师与现实时空情境交互作用的结果。因此，教师专业发展活动越来越多地以学校实地为基本场域来开展。

三、反思性教学及其对英语教师职业发展的作用

（一）反思性教学的方法

反思性教学必须遵循源于实践、用于实践的原则。反思性教学可采取的方法有：记日记、合作研究、教学观摩、专家听课、教学评价、调查问卷、教学录像或录音的研究等。反思性教学可用许多形式和手段来实现，教师可根据自己的教学条件，采取不同的方法。

第一，记日记：教师在当堂或当天的课堂教学后，对具体的教学问题记录下亲身感受和体会。它能提醒教师注意教学失败之处，发扬教学成功之处，从而对自己的课堂教学行为、效果、动机等产生新的见解。同时记录下来的问题可作为同事间讨论的话题，在相互学习中得到启迪和帮助。记日记贵在坚持，它能为反思性教学提供最直接的、第一手的材料。

第二，合作研究：不管是在教学上还是在科研上，大多数教师都是各自为战。但在当今知识信息爆炸的时代，任何事业的成功都取决于团体的协作和努力。教师通过集体备课的合作方式，汲取他人教学精华，反思自己的教学方式、教学手段和教学方法。教师还可以同学生合作，就教学过程共同实践和探讨。

第三，教学观摩：是广大教师提高自己的最普遍的手段，是以相互听课为主要形式，观察和分析同事的教学活动。教学观摩应以教师自愿为原则，以教研室或同一教材教师为单位，相互听课，相互学习，观察教师是否合理安排教学过程，如课堂管理、教学方法、学生反应、师生关系等，包括如何处理课堂教学中的问题，确保教学活动顺利进行。这与传统的听课形式不同，不是教学的检查、评价，而是通过听课这一形式，彼此客观地交换意见，提出改进措施，以达到共同提高、共同发展的目的。这样不仅能更有效地解决教师所反思的问题，而且新的行之有效的理论方法推广起来也更快。

第四，专家听课：可以是离、退休教师组成的教学督导小组听课，也可以是同教学领域业务过硬的专家听课指导。条件许可的话，可以聘请国际知名学者对全体英语教师进行全程听课，给出评价。先进的教学理念指导教学经验，给被听课的教师建议和修正，同样可达到反思性教学目的。

第五，教学评价：要求听课者关注课堂教学的全过程，而在课后相互交换意见时，焦点是整个教学过程中的教师行为，而不是教学对与错的问题。这是一个反思、分析、综合和实践的循环过程，其目的是帮助教师提高教学水平，有利于将来的发展。在对教师的评价方面综合了六方面的内容：人际关系、文化知识和跨文化知识、语言与语言学知识、语言习得与语言学习、语言教学、职业意识。

第六，调查问卷：可以是大学英语教师对本班学生就教学行为、教学效果等小范围的调查，也可以是全年级、全校，甚至全省、全国的外语学习调查问卷。调查问卷有利于教师掌握学习者心态和动态，调整教学策略，达到教学的完满。

第七，研究教学录像或录音：开展教学竞赛，录制教学录像或根据所在学校的条件，对课堂教学的整个过程或某一环节进行录像或录音。这样便于教师随时、反复观看或聆听，直观地分析、研究所反思的教学问题。并通过对比研究，使教师更全面、准确地收集相关信息。

通过反思性教学，教师调整、优化其教学行为来组织课堂教学，指导学生学习，启发学生思维，最后达到预期的教学效果。对于大多数课业负担重、进修机会少的大学英语教师而言，反思性教学是一种有效而又切实可行的方法，是大学英语教师职业发展的有效途径。

（二）反思性教学对英语教师职业发展的作用

第一，反思性教学能改善大学英语教师的理论素养。反思性教学是在理论指导下进行的，同时反思型教师对教育理论、语言学、第第二语言言习得理论和实践常常提出一种健康的怀疑，这就意味着大学英语教师需要不断对领域内的知识进行批判性学习和反思性评价，学会系统地将程序性知识和诊断性经验以反思或前瞻的形式在自己的职业体系中形成稳定的结合。在这种理论的重构与重建过程中，大学英语教师不仅积累了大量的行动中的知识，而且将那些在反思中已经意识到但通常又难以表达的“缄默知识”加以激活、评判、验证和发展，使之升华成一种“明白的知识”，不断创造出新的知识，其理论水平和专业能力逐渐增强。

第二，反思性教学能赋予大学英语教师一种主体地位。反思性教学是以探究和解决教学问题为基本点，因而它赋予大学英语教师新的角色定位，改变他们被动接受教育理论、语言习得理论的灌输，被动适应专家教授指导的处境，使他们真正成为学者教师。长期以来，外语教育实践活动与研究活动总是相互分离的。广大大学英语教师一直是潜心教学，最多也只能研究一下教学法，常常认为教育研究和教育改革仅仅是专家的事，自己最多只是教学理念的执行者而已，因而仅仅充当知识的传承者。而反思性教学赋予大学英语教师一种主体地位，使他们认识到教师不仅能传达他人的观念，也能提出并解决与他们教学实践有关的问题。在这种背景下，英语教师会主动检查和验证自己的价值和假设，以研究者的眼光审视和分析语言教学中的各种问题，并对自身的教学行为做出科学的分析和评价。英语教师作为研究者，要求能从自己的教学实践出发，以已有的经验为基础，以所学的理论为指导，对教学实践中的问题进行反复的观察、审慎的反思。以改进自己的教学行为和提高自己的教学水平为出发点，从检查、分析自己的教学行为开始，观察并思考在接受新理论知识后所出现的变化，在实践中不断检验、修正、内化相关的理论和思想，建立和发展能解决教学实践的个人教学理论。随着这种理论的建立，大学英语教师的专业能力不断增强。

第三，反思性教学能增强大学英语教师的科研能力。一般而言，大多数课业负担繁重的大学英语教师，除非迫于外界压力，否则不会自觉加强对科研的重视。而反思性教学的本质就在于追求更合理的教学实践，教师在日常教学中，对某些教学现象认真反思，并在教学活动中实施和进行验证，以形成对教学现象的新理解和新认识。而这些新理解和新认识将成为他们论文写作的扎实基础，同时形成良好的反思习惯，不仅有助于改善教师教学实践上的不足，而且能反思教学实践，成为他们走上科研之路以及自身素质和职业能力发展的有力助推器。

四、建构主义视域下的反思型英语教师专业发展

建构主义作为一种教育思潮，其知识观、学生观、教学观等对现代教育改革与发展具有重要的指导意义。同样，建构主义视域下的教育观对教师专业化发展也产生了重要的影响。传统教师发展理论将教师置于被动接受者地位，而建构主义教师发展观要求将教师置于发展的主体地位，通过对教师发展体系的重新设计，以提高教师自身发展能力为手段来提高教师专业化发展水平。因此，通过对建构主义学习观、知识观、教学观、学生观等理论的探讨，丰富我国教师专业化发展研究的内容，具有一定的理论意义，具体如下：

第一，从建构主义的理论视角全方位认识教师专业化。由于高校英语教师专业化工作涉及社会经济发展、国家教育政策、教师培养制度和培养体系、教育观等多方面的问题，就教育管理者而言，教师专业化工作不仅是师资教学能力、知识基本素养等单个问题，也是一个系统工程。需要一个全方位的、立体和谐的专业化发展支持体系，才能有效提高高校英语教师专业化发展工作的效率。

第二，从理论层面上拓展对当前高校英语教师专业化发展的研究视角。新时期不仅要树立起新的学生教育观，对教师教育同样要有新视角。在建构主义理论指导下教师专业化研究具有一定的理论视角意义。

（一）建构主义的观念解读

建构主义作为一种教育思潮，其最早提出者可追溯至瑞士著名心理学家皮亚杰。作为认知发展领域最有影响的一位心理学家，他所创立的关于儿童认知发展的学派被人们称为日内瓦学派。皮亚杰的理论充满唯物辩证法，他坚持从内因和外因相互作用的观点来研究儿童的认知发展。建构主义认为，儿童是在与周围环境相互作用的过程中，逐步建构起关于外部世界的知识，从而使自身认知结构得到发展。建构主义有其独特的学生观、学习观、课程观、教学观等，其理论相当丰富，经过众多学者的不断完善和发展，建构主义已成为当今教育领域内重要的理论之一。

"建构主义"是一种全新的学习观和认识观，强调以学习者为中心的学习观和教学观。具体指杜威的经验改造论、皮亚杰的发生认识论、布鲁纳的认知结构学习论、奥苏伯尔的

有意义学习理论、维果茨基的文化历史发展理论。建构主义以其独特的知识观、教学观、学习观在英语教学领域中产生了重要的影响，逐渐引起研究人员以及教学人员的重视。

1. 建构主义知识观

建构主义是行为主义发展到认知主义之后学习理论的进一步发展，并且认为知识不是客观存在、一成不变的，而是随着人们对客观存在事物认识的不断深化而深化，它强调学习是知识的建构，提倡学生主动学习，并构建自己的知识体系。建构主义认为知识不是客观存在的、被人发现的东西，而是人在实践活动中面对新事物、新现象、新信息、新问题等所做出的暂定性的解释和假设而已。建构主义知识观的核心内容有以下方面：

（1）知识的本质是解释和假设。长期以来，人们都有这样一种根深蒂固的认识，即知识是客观事物准确、固化的表征，是对客观世界本质的反映。知识的性质和内容是不以人的意志为转移的，也不会随时间的推移而改变。传统知识观的实质在于将知识绝对化、固定化、客观化。但建构主义却认为，知识不是现实的客观反映和准确表征，知识并不能精确地概括和反映世界的发展。在具体问题中，需要依据具体情况对固有的知识进行再改造。知识只不过是人们借助于符号系统对客观现实做出的一种“解释”“假设”。知识不是客观的，它并不是问题的最终答案和唯一解释，它只是一种解释，一种在目前来说对现实世界较为可靠的假设，并随着人类社会的发展而不断发生变化和更新。

基于这种观念，建构主义认为，知识在被个体接受之前，对于个体来说毫无权威可言，不能把知识作为预先决定了的东西教给学生，不能以权威为理由来压服学生接受这些知识。知识建构过程是个体主动自主学习的过程，并非被动接受已有的知识和信息。已有的知识和信息具有一定的科学性和合理性，但并不是在任何时候对任何学习者都有用。学习者在学习时，必须根据具体实际情况，在已有知识结构基础上，根据自己的思维能力和判断能力来建构属于自己的新的知识和信息。因而，个体对知识的理解只能基于自己的经验背景来建构，通过他们自己的分析、鉴别、评价、假设形成自己的理解，建构起真正属于自己的知识。知识建构是个体通过新旧知识经验之间的相互作用而完成的。建构主义认为，学习者在进行知识建构时，一方面是对新信息的意义建构，同时又包含对原有经验的改造和重组。在个体进行经验建构的过程中，个体的图式会随着不断扩展的经验而不断进化，所有的知识都是在这种个体与经验世界的对话过程中建构起来的，而这是以个体认知过程为基础的。

建构主义认为，学习者并不是空着脑袋走进教室的，他们在日常生活和以往的学习中就已经形成了丰富的经验，他们对任何事物都有自己的看法。即使有些问题他们还没接触过，没有现成的经验，但当问题出现在面前时，他们往往也可以基于相关的经验，依靠他们的认知能力，以自己的方式建构对事物的理解。不同的人看到的是事物的不同方面，不存在唯一的标准和解释。但是，我们可以通过学习者的合作使得理解更加丰富和全面。

（2）知识建构的情境性。传统知识观认为，概括化的知识是学习的核心内容，这些知识可以从具体的情境中抽象出来，让学生脱离具体物理情境和社会实践情境进行学习。建构主义认为，学习总是离不开一定的情境，知识也总是在一定的情境中才有意义。他们反对传统教学将知识从具体情境中抽象为概括性的概念、规则和原则，反对让学习者脱离现场情境进行学习，因为这种抽象出来的知识的学习结果不能自然而然地迁移到各种真实情境中去。建构主义认为，只有把学习者置于真实、复杂的情境中，并尽可能在实际任务中获取经验和建构知识，才能使学习者适应不同的问题情境，在实际生活中才能有更广泛的迁移。因此，建构主义者致力于实习场的创设，让学生与完整的经验回归到融合的状态，并将实践共同体作为一个能整合到学校实践中去的学习舞台。情境化的教学淡化了无形知识的内容，使知识变得生动、有形，这也解决了学生缺乏对知识感性认识的难题，弥补了学生没有经历的缺憾。

2. 建构主义学习观

建构主义认为，学习不是由教师将知识简单地传递给学生，而是由学生自己主动建构知识的过程。学生借助于其他人的帮助，如与他人之间的协作、交流、利用必要的信息等，在一定的情境下，主动建构知识的意义，进而获得知识。在学习知识的过程中，学生不是被动的信息接受者，而是主动地建构知识意义的建构者。学生根据自己的经验背景，对外部信息主动地进行选择、加工和处理，从而主动地建构知识的意义，获得自己的意义。外部信息的意义是通过新旧知识经验间反复的、双向的相互作用过程而建构成的。每个学生都是在自己已有的知识经验的基础上，对新信息重新认识、编码，进行意义的建构。在建构主义看来，学习过程不是信息的简单输入、存储和提取的过程，学习是新旧知识经验之间的双向的相互作用的过程，也就是学习者与学习环境之间互动的过程。

建构主义学习观强调学习是学习者在丰富情境中主动建构意义、创造知识的过程。学习是一个主动的过程，是个体主动建构意义的过程。基于对灌输式教学和行为主义的“刺激—反映”学习的批判，建构主义旗帜鲜明地指出学习是学习者主动建构意义的过程，这一主动建构的基础则是学习者的有意建构，换言之，学习是一种主动的过程。皮亚杰在论述个体的知识建构过程时提出，个体通过同化和顺应，或是将外在刺激纳入已有图式，或是调节原有图式来适应环境。个体认识世界的过程就是个体与外在世界互动的过程，个体既实施行动于外在世界，亦从外在世界获得反馈。因此，学习既包括学习者主动建构的过程，也包括从外界吸收的过程。

3. 建构主义教学观

建构主义教学观以学习理论为基石，主张教师应实现角色转变，成为学生建构知识的引导者。教师在教学过程中应创设实际情境，同时加强学生间、师生间的互动学习。

建构主义认为，知识无法通过直接的传递而实现，知识的意义就在于学习者的主动建构性。这样，教学就不是简单的信息传递，而是为知识意义的建构创设条件。也就是说，在教学中，教师不仅仅要关注如何呈现、讲解以及演示信息，更重要的是，教师要创设一定的环境，促进学生自己主动地建构知识的意义，时刻关注、探知学生对知识意义的真实建构过程，并提供适当的提示、鼓励、辅导、帮助与支持，进而促进学生的建构活动。建构主义教学观的主要观点有以下方面：

（1）教师应该成为学生主动建构知识的辅助者和指导者。传统的教学观主张教师负责把知识传递给学生，学生被动接受教师所传授的知识。建构主义认为，学生的学习并不是知识从外到内简单的传递，而是学生通过对新知识的感知，与本身的认知结构相互作用，主动建构新知识的过程。如果让学习者积极建立自己的知识结构，以这种方式建立的新知识结构不仅不易退化，而且还能给学生以主动学习的机会，培养他们的创造思维能力。

（2）要注意将实践与学习两者紧密结合。传统的学习比较推崇书本理论知识的学习，从而导致学生所学知识与实践脱离，造成学生重理论、轻实践应用的现象。建构主义教学观认为，有效的学习须与一定的情境结合。只有在真实情境中获得的知识和技能，学生才能真正理解和掌握，才能回到真实生活或其他学习环境中解决实际问题。教师的教学则是努力构建实际的学习环境，让学生在这样的环境中通过自己旧有的知识建构出新的意识和知识。

（二）反思型教师的专业发展

反思型教师教育是20世纪80年代兴起的新的教师教育模式，而且这一模式正日益成为国际教师教育的主流。目前在很多国家中，反思型教师已经成为教师教育领域最显性、最具主导性的话题。人们以各个领域和各个学科的视角对反思型教师的内涵、概念和定义进行了探讨。尽管人们对何为反思型教师远未达成共识，但是教师应该成为反思型实践者却是没有疑义的。教师的反思已经成为人们克服狭隘的专业化理念和促进教师成长发展的新的突破口。因为，如果没有教师的反思，一切新的教育改革都将遇到难以克服的悖论。

传统的课程理论是以泰勒为代表的课程理论，根据这种课程理论，课程是由并不直接介入教学的课程专家设计的，教师只是对课程内容进行把握和传授。对于教学的实施而言，包括教学的内容、方法和教学程序都应该预先选定和设计，教师没有充足的课程设计和修改权。因此，一旦课程内容确定、教学方法选定、教学程序设定，教师就需要进行较多的反思。因此，在新的课程理论指导下的课程改革，要求教师超越技术人员的角色，对教学的方方面面进行反思，以确保新的课程理念的实现。

反思型教师强调教师对生活于其中的教学生活世界进行惯常性的反思。教学生活世界具有丰富性，包括各种错综复杂的内容，因而以教学生活世界为反思对象无疑为教师的成长提供了最为理想也最为充足的平台。此外，反思的运用既有能运用于所有反思的宏观框架模式，也有微观的反思途径。

（三）建构主义视域下的教师专业发展

建构主义视域下的教师专业发展，既包括教师自身的专业成长，也包括贯穿于教师整个职业生涯的促进教师发展的过程。也就是说，在教师专业发展过程中，既存在着教师教育所提供的外部专业环境不断变化的专业发展的物理过程，也存在着以“学会教学”为特征的教师自我专业发展的心理过程。教师专业发展是其专业心理与专业教育和实践持续动态地相互作用的过程。促进教师成长的过程从有关教师发展的本质以及教师发展如何实现的假设中获取基本原理。教师专业成长是一个持续不断的过程，但不是一个自然的成长过程，需要适时而有效的教育模式和策略予以保障。实现教师终身持续发展，重要的是建立从教师培养到职后继续教育一体化的体系，构建促进教师成长的有效教育模式，促进教师专业成长的外部因素和教师专业成长的内部因素相互作用、相互制约。因此，教师专业发展过程就是教师接受外在教育与其个人内在专业心理逐步成熟相辅相成的、统一的过程。总之，建构主义视域下的教师专业发展，是对教师个体的尊重，是对教师个体自主发展的尊重，同时对促进教师发展的教师培养及其支持环境也提出了更高的要求。

另外，建构主义视域下的教师专业发展强调教师个体内在专业特性的提升与外在支持环境的结合，是实现教师个体的专业知识、专业技能、专业情意、专业自主、专业价值观、专业发展意识等方面由低到高，逐渐符合教师专业人员标准的过程。

1. 教师专业发展作为“人”的发展

尊重教师在专业发展中的主体性，承认教师尤其是教师个人在专业发展中的作用，教师专业发展是教师作为“人”的多方面发展的结果。

从语法结构上分析，“教师专业发展”概念中的“教师”既可以是定语，也可以是主语。回顾20世纪70年代以来“教师”在专业发展中的定位，正是经历了从“定语”到“主语”的转变。20世纪六七十年代末，由于对教学本质的认识非常有限，有关教师和教师教育的研究主要是在“技术理性”的“过程—结果”研究范式和“专家—新手”比较研究中展开，以此来寻求高成效教师的一般性预测变量。这些研究结果揭示了高成效教师和一般教师之间的差异性结果，但并没有阐述一般教师发展成为高成效专家型教师的过程，而且行为主义所提出的“传递”假设也难以成立。因为“专家—新手”比较研究的结果表明，专家教师所具有的知识具有专门化、组织性和缄默性的特征，是无法通过形式化的直接教学来获得的，而只能通过行为者本人在实践过程中的建构来实现。

建构主义的教师角色观把教师看作主动的学习者和建构者，提出教师根据自己已有的知识结构通过“同化”“顺应”来组建新的知识结构。因此，20世纪80年代以后，教师“自我”与“主体性”在教师专业发展中得到承认。重视教师的主体性就应该把教师的实践活动、教师已有的认知结构作为教师发展的基础，把学习与教师的课堂实践紧密联系，重视教师的经验与历史。此外，作为“人”的教师发展是个人发展、专业发展和社会发展共同作用的结果。个人的发展包括对变革过程和教学情感的改变；专业的发展包括教学信念、教学活动的变革；社会的发展包括与学生、同事和他人关系的改变。

2. 教师专业发展是教师的自主发展

传统教师培养观关注和重视培训部门在教师发展中的作用，相对忽视教师在自我成长中的主体意识和主观能动性。建构主义视域下的教师专业发展观，对这种“自上而下”的培训模式进行了批评，把发展主体的自身实践活动作为教师发展的根本动力。因为在个体的实践中包含了人的内在需求与条件、外部影响与条件，也包含了发展主体的能动认识与选择，实践是内、外因作用于个体发展的聚焦点，也是推动人发展的直接与现实的力量。教师专业发展是自觉主动地改造、建构自我与世界、他人、自身内部的精神世界的过程。教师专业发展的本质是发展的自主性，发展是教师不断超越自我的过程，是教师作为主体自觉、主动、能动、可持续的建构过程。教师要从自身的教育实践活动中寻求自我成长的源泉和动力，主动积极地参与、投入自身的发展中，教师发展是赋予教师自主权的过程。

教师的专业自主性是教师专业发展的前提和基础，教师在设计课程、规划教学活动，以及选择教材时，应有充分的自主性。教师本人必须把外在的影响转化为自身专业发展过程中的动力，必须具有自我专业发展意识。教师自我专业发展意识可增强教师对自己专业发展的责任感，使教师不断寻求自我发展的机会，逐渐获得自我发展的能力。

然而，教师专业发展中对教师自主发展的强调，并不意味着一切都是“自下而上”，完全由教师个人来决定自己的发展。反之，在这个过程中，教师自主发展同样也需要必要的指导和外部支持，需要教师个体同其他人建立一种和谐、合作的关系。只有这种合作的关系以及以教师发展为目的的支持环境的构建，才能保证教师真正实现自我发展。

3. 教师专业发展对教师个体实践知识的重视

工具理性的知识观认为，通过研究能够获得一个关于事物性质的一般性结论，实践者通过运用客观、科学的知识去解决问题。在这种知识观的影响下，对教师知识的研究主要是确定教师必须掌握的基本知识，以形成特定的教学专业知识。因此，教师必须具备七种知识类型：一般教学知识、关于学生的知识、学科知识、教学内容知识、其他内容知识、关于课程的知识以及教育目标的知识，这种观点在当时被看作是对教师知识构成的权威理解。然而，这种由外部界定的教师知识体系缺乏与教师课堂实践的联系，忽视教师的实践及其个体知识，不利于激发教师发展的内在需求与动机，也无法从根本上保证教师教育观念的真正转变与教师教育行为的改变。实际上，教师知识的形成具有经验性、现场性，是教师在教育实践活动中所形成的个人知识，也称为“教师个人实践知识”。教师个人实践知识所基于的实践理性与一般性专业知识所基于的工具理性有所不同。实践理性认为教育实践是复杂的，教育者需要对复杂的、不确定的教学情境做出决策，而这种决策所需要的知识产生于复杂的教学情境，以及对情境做出的“行动中的反思”之中。这种决策过程中所运用的知识只能以其特殊性和贴近实践者自己的语言来表达。

因此，教师不仅需要通过直接教学获得的一般性专业知识，而且需要在自己的专业实践活动中获得实践知识。此外，教师专业发展与教师的实践知识是紧密相连的，对教师而言，实践知识对他们的发展更为直接和根本，教师专业发展起源于教师在日常生活中对教学情境的知觉、对教育问题的关切以及对实际状况改变的需求。由此可见，教师的许多知识和能力是依靠个人经验和对教学的感悟而获得的，由于教学情境具有不确定性，教师的专业发展必须与教学实践、教学情境相联系，教师应该不断反思自己的教育教学理念与行为，不断自我调整、自我建构，从而获得持续不断的专业发展。

第三节　英语教师文化领导力的发展及其路径

一、英语教师文化领导力的发展

英语专业教师文化领导力研究是对英语专业教师教育的一种拓展性探讨。教育事业之所以备受各国政府的高度重视，就在于教育的人才培养功能，而人才培养功能的实现离不开高水平的教师。不管是研究证据还是常识推理都让我们确信不疑：教师的水平对于学校教学质量以及学校发展具有关键性的作用。然而，今天的英语专业教师的文化领导力遭遇着前所未有的挑战。

（一）领导力与教师领导力的认知

1. 领导与领导力

为了更好地理解"领导"概念，我们不妨先理解"领袖"的含义。"领"即为"颈"，"袖"则可长可短、可伸可缩。"领导"一词可以分为名词或动词，名词，是指领导人或领导者；动词，是指领导活动。

现代观念中的"领导"是一种影响力，是对部属施加影响从而让他们为实现组织目标而努力的艺术过程等。但不管其含义多么纷繁复杂，"领导"包含四个维度：第一个维度是一种自愿行为，率领部属努力实现团体目标；第二个维度是鼓舞士气，让部属信心满满地完成工作任务；第三个维度是影响力，让部属们在活动过程中受到影响；第四个维度是能力，让部属们共同实现既定目标的能力。

2. 教师领导力

教师领导力是指教师为实现教育目标在特定情境之中对所属教育范围内涉及的人和事施加影响的能力，其含义较为广泛，因为它涉及一系列多层次的活动，如教学活动、协调关系、课程设置、学校管理的参与、家长与社区的互动、自我发展、团队发展的协调等。

教师专业素质包括教师领导力。人们往往把领导力视为特殊人员的某种独享能力，因为他们能在关键的时候做出关键的决策以鼓舞团队成员的士气。教师领导力的提出是对传统领导力观念的挑战，领导力不再独属特殊人员，而属于组织内所有成员。教师领导力让教师尽情体现其方向感和价值感，改变教师自己和学生，促使师生共同成长。因此，教师领导力其实就是一种影响力，是一种改变的能力。教师领导力的提升不仅有利于学校变革、教学质量、价值引领，还有利于培养优秀的、有影响力的教师，有利于学校整体教育目标的实现。

领导力与教师领导力对英语专业教师的文化领导力研究的启示在于三个方面：第一，英语专业教师的文化领导力能激发学生与之共同进步，更有效地实现学校的教育教学目标。第二，教师在教育过程中对学生在文化层面的作用主要是一种影响，而非控制。英语专业教师的影响力主要涉及态度、行为、认知三个方面。第三，教师文化领导力的影响几乎会涉及教师领导力的各个方面，如班级领导力、同伴领导力、教学领导力、课程领导力和科研领导力。因此，英语专业教师的文化个性越优越，对其文化领导力以及实现学校教育目标越具积极意义。

（二）英语教师文化领导力的核心理念

1. 教师文化领导力

教师文化领导力指的是教师文化层面的领导力，包括两方面的内涵：一是教师领导者的文化视野、文化内涵以及文化影响力；二是教师领导者的认知、智能以及思维方式。教师文化领导力往往通过其领导观念和领导思考力体现出来。文化领导力体现于领导者的价值观念、道德品质、知识素养等方面。

教师文化领导力是一个体系，它包括教师的价值观、意识形态、心理、精神风貌、魅力形象等。教师的价值观决定教师对教育活动的目的与意义的基本观点和看法，直接反映教育活动中的价值取向、价值关系及其结果。其构成成分包括教师的价值取向、价值标准和价值评价。教师的意识形态是教师对教育活动、制度、关系及在整个教育体系和教育过程中对教师的地位、作用及其相互关系的基本观点。教师心理是教师通过对教育动机、教育情感、教育态度、教育信念等产生直观的认识之后在自己的内心深处所形成的对教育活动的关注与体认。"教师魅力是教师表现出来的鲜明而独特的个人素质，这些素质包括真诚坦率、优雅风度、慎思自信、幽默风趣、理解信任等。"[①]

教师的认知能力相对于其他品质而言有着独特的作用。虽然它无形无状，但却是教师文化领导力的重要构成要素，起着关键性作用。可以毫不夸张地说，教师认知力是一种起决定性作用的隐性文化领导力，不同的认知模式会产生不同的教育行为，有怎样的教育认

① 付琳芳、郭晓燕：《当前英语教师专业发展的现状与对策研究》，东北师范大学出版社 2017 年版，第 157 页。

知力，就有怎样的总体教育领导力。变革型教师领导者的认知模式是对学生自我独立和创新的期望；关系型教师领导者的认知模式是把追求和谐及理解作为学生行为的驱动力。

教师的文化视野是教师文化领导力的核心要素，其文化领导力通过教师的文化视野、教育活动的文化内涵以及文化影响力体现出来。它不仅体现教师所接受的教育程度和具备的文化知识，还反映教师在其教育活动中产生的观念意识，是教师文化个性的积累和积淀。教育活动以及外界文化因素会对教育行为带来直接的影响，从这个意义上可说教师的文化视野、教育活动的文化内涵和文化影响力是教师文化领导力的核心与灵魂。

2. 英语专业教师的文化个性

个性和人格在我国心理学的概念中是同义词，是英文 personality 的译名，其含义是：一个能够决定心理行为共性的稳定特性或倾向性，在时间上具有持续性，当然这种稳定的特性和倾向性要排除当时社会及生理压力所导致的某种倾斜。然而，大众所理解的人格和个性存在一定的差异，大众理解的人格是人的道德品格，很少与人的个性联系在一起。

英语专业教师的文化个性主要是指英语专业教师为了提升文化领导力以及实现教学目标在教育过程中所表现出来的文化品性，即除了职业所需的专业个性以外的与其他职业群体不同的价值观、行为方式、跨文化技能以及这一群体间的文化关系特性，包括英语专业教师对多元文化的自觉、开放、可选择和可完善等文化主体性以及自主、独立、能动和创造等文化独特性。这里重点探讨英语专业教师文化领导力的主要构成要素，即价值观念、思维方式、跨文化素养、文学艺术特质以及交际策略在文化领导力中的作用及其内在关联。

（三）英语教师文化领导力的理论依据

要研究英语专业教师的文化领导力，首先需寻求理论的支撑。文化领导力是一个比较新的概念，在此之前贺善侃先生曾在《文化领导力：领导力的核心和灵魂》一文中做过如下定义：“文化领导力即文化层面的领导力，表现为：其一，领导者的文化视野、领导活动的文化内涵以及内含于领导力的文化影响力；其二，领导者的一般认知能力、一般智能和创造性思维能力。文化领导力一般通过领导观和领导思考力表现出来。”

英语专业教师的文化领导力研究可以由许多不同理论加以验证和指导，具体如下：

1. 组织行为学与心理学依据

（1）组织行为学中个体、群体与组织的理论能为本项研究提供行为指南，因为教学是促进学生发展的活动，是一种行为，因而可以从组织行为学中寻找理论依据。组织由群体和个体组成，是为共同达到某一目标而结合在一起的有结构的社会系统，即组织包含有结构的社会单位，例如人和工作团体。他们为了共同的目标，诸如为了营利而制造或销售一种产品，又或为了实现学校教育目标而对学生实施一系列的教育行为等。组织行为学集中对个体、群体和组织三个层次进行分析，并认为三个层次都处在一个复杂的动态环境之中。个体层次上个体知觉、态度和动机会随着知识水平、个体价值观的提升以及任务目标的变化而变化。群体层次上的相互交流以及在工作中如何协调相互之间的关系也会随环境的不同而处于动态的变化之中。组织层次上的构建方式、运作方式及对其个体和群体的影响也绝非一成不变。

组织行为的尝试性研究源于工业效率提高的愿望：提高工人的生产力，如何用更少的时间做更多的工作。科学管理之父泰勒开始只是一名工人，后来成为首席工程师。他的科学管理方法旨在发现工人完成工作的最有效方式。他的两个观念在19世纪80年代却非常先进：一是仔细挑选员工，对之加以培训，使之成为“一流”员工；二是增加工资以提高工人的工作动机，从而提高工作生产率。他的这一思想后来得到芒斯特伯格“人性化”管理的发挥，也得到吉尔布雷斯夫妻的“时间—动作研究”的极大支持。科学管理尽管贡献重大，但人们渐渐认识到工作环境中影响行为的还有许多其他因素。绩效和金钱固然重要，但它们让人感觉如同机器中的齿轮。

人际关系运动是梅约率先提出的一种关注员工自己的观点并强调对个体尊重且能提高工作效率的方法。这一管理哲学拒绝以经济为取向，强调工作场所中能起作用的非经济的、社会的因素。人际关系运动的倡导者也关心工作绩效，但他们认为社会条件，即管理者对待员工的方式以及员工彼此间的关系能很大程度地影响工作绩效。

组织行为学中个体、群体与组织的理论对英语专业教师的文化领导力研究的启示在于：第一，学生都是活生生的人，有自己对人和事物的不同态度，对于知识的学习以及学习的动机会随环境与情境的变化而变化；第二，学生并不是孤立的存在，而是能够相互交流的群体，在相互交流中获取信息，习得知识；第三，英语专业教师在教育过程中，一味地灌输知识而忽视与学生的沟通或学生之间的交流，可能导致学习效果不佳的状况出现。

（2）心理学中的大五人格因素是文化领导力以及英语专业教师文化个性内涵的本源。例如，麻省理工学院采用的大五人格因素是心理学对五种人格结构的描述与分析。因为大五人格特质可以对工作情景中的个体行为做出预测，对工作绩效的提高产生积极影响，所以组织行为学家与管理学家们利用人格特质的研究成果对企业员工进行有效选拔、安置与任用。外向性人格特征：乐观热情、喜欢交际娱乐，积极活跃、行为果敢、敢于冒险等特征。神经质人格将征：烦恼、不安全感、自怜、焦虑脆弱、敌对冲动、自我意识强是其主要特质。开放性人格特征：富于想象、寻求变化、自主意识浓厚、求异创新、想象丰富、聪慧是其主要特征。宜人性人格特征：热心、信赖、乐于助人，具有信任、利他、直率、谦虚、移情等品质。尽责性人格特征：有序、谨慎细心、自律，其主要特征表现为公正自律、条理谨慎、尽职克制。

此外，关系绩效能促进任务绩效，能提高整个组织的有效性。分析发现，尽责性较之其他因素更具稳定、有效的性质，是众多工业与组织心理学家们长期寻求的特质定向变量；但它与创造性程度要求高的工作绩效（如艺术家的工作绩效）呈现负相关状态。其他四大人格因素也与他们各自的职业相关，如外向性、宜人性人格的人能够在管理、营销等职业中发挥更多的人际作用，因此他们在这类工作中的工作绩效度相对较高。另外，人格的各维度间存在交互效应，如责任心常与其他因素进行着交互作用。

大五人格因素对英语专业教师的文化领导力研究的启示在于以下三方面：第一，人类社会个性特征虽然纷繁复杂，但大体上可分为五种。大五人格特征在学习者群体中普遍存在，如果要充分发挥学生的学习积极性并取得良好教学效果，教师有必要了解学生的各种特征本质并找到与之沟通的有效途径。第二，个体的人格因素虽然不是工作绩效的直接成分，但却是很重要的周边绩效成分。在教育教学的实践过程中，学生的社会背景、心理背景都有可能对教育效果产生很大影响。第三，教师与学习者个体的人格维度间都存在交互效应，如果教师加以正确而积极的引导与发展，将促进他们自己的工作效率，提高学生的学习效果。

2. 文化教育道德认知发展理论

（1）文化教育学能为英语专业教师的文化领导力研究提供文化个性发展与熏陶的理论保障。文化教育学由20世纪20年代德国的一种教育思想转化而来，其研究视角是人文科学和文化哲学，它的主要研究内容是教育与人、教育与社会、教育与文化、教育与生命体验等。文化教育学主张以文化来陶冶学生，提倡个性的养成和人格的发展。

文化教育学对英语专业教师的文化领导力研究的启示在于以下方面：第一，个性或人格是可以通过教育形式发展起来的，而且这种教育形式往往是文化的熏陶；第二，英语专业教师文化个性的发展与养成在某种程度上可以解决当前英语专业教育中普遍存在的价值危机；第三，文化个性的发展可促进学生“内部形式”和“外在世界”的协调，可以让他们的潜能得到发挥，使他们的身心得到愉悦的发展；第四，学校不单纯是文化传递的场所，也不仅仅是生活的场地，学校教育是一种文化过程，学校教育有责任让学生面对文化现实，暂时“脱离”生活以便为未来生活做好充分的准备；第五，人文学科蕴含民族精神和价值观等人类文化精粹，这些文化精粹对人的心灵具有强大的震撼力，能够促使学生的人格和谐发展。

（2）道德认知发展理论是英语专业教师价值观发展的精神家园。科尔伯格继承先辈们在德育领域的成果，并在此基础上，于20世纪50年代创立了道德认知发展理论。此理论的创立离不开杜威的进步主义德育研究，也离不开皮亚杰的道德判断力研究。由于一次偶然的机会，科尔伯格读到了皮亚杰在20世纪30年代所著的《儿童道德判断》一书，这无疑让他产生了极大的研究兴趣，并以此为依据完成了他的博士论文。他的论文评价虽高但外界的反应很是冷淡。但他继续对之加以研究并于1981年编辑出版了《道德发展哲学》《道德发展心理学》《道德发展与道德教育》等书。他的道德认知发展理论极大地推动了当代西方学校德育的形成与发展，被誉为现代学校德育的“基石”。

道德认知发展理论对英语专业教师的文化领导力研究的启示在三个方面：第一，价值观念的形成是循序渐进的，英语专业教师文化领导力的养成也要有序进行；第二，文化个性的养成是一个从内到外的自悟转化过程，一味灌输可能会适得其反；第三，理解和关心学生的思维成长是明智的举措，适当的自我评价可以帮助教师感知学生的思想和行为。

二、英语专业教师文化领导力的发展路径

（一）大学英语“三维一体”混合式学习模式

大学英语基础教学阶段，实行传统课堂、虚拟课堂（基于计算机的网络自主学习）和隐形课堂（体验式课外活动）“三维一体”的混合式学习模式，鼓励教师将“计算机网络教学与课堂教学融合”，将“信息技术与课堂整合”，利用网络信息技术和丰富的网络资源，为学生提供更真实的语言学习环境。借助于新的网络通信媒介（微信、腾讯QQ等），使师生的教与学不再受时空的限制，更充分地发挥教师的引导和监控作用，培养学生的自主学习和反思创新能力。由此可见，教师自身具备的教学理念，教师对新理论新模式的接受程度，教师知识结构相对单一，以及教师信息技术能力参差不齐，都会影响到教学实施的实际效果。

（二）以教学团队建设促进英语教师专业发展

基于上述“三维一体”的混合式学习模式的教学实践，大学英语教师的专业发展应主要着眼于及时更新教育教学理论知识，丰富和拓宽知识结构，努力提高信息技术能力等。而促进大学英语教师专业发展的主要策略则在于加强大学英语教学团队的建设，鼓励教师间相互合作，以团队发展促进个人专业发展，并为其提供支持。

第一，按学科类别整合师资，重点建设精品课程。根据学科的具体特点和课程的发展需要，形成方向相对一致的学科类别，将教学团队进行专长细分，鼓励建设精品课程，以点带面，促进教师专业发展。

鼓励教师结合自身的专业优势和兴趣组建课程教学团队；遴选经验丰富、创新意识强、教学效果好的教师作为课程带头人，和青年骨干教师及教辅人员，组建精品课程教学团队。充分发挥传帮带作用，实现团队成员之间优势互补，促进教师专业发展和整体素质的提升。

第二，组建科研兴趣小组，以团队合作促进个人发展。针对大学英语教师教学任务繁重，难以兼顾教学和科研的问题，鼓励教师结合自己的专业背景、个人优势和兴趣，按学科类别组成科研兴趣小组，鼓励团队合作，通过分享学习心得和交流教学经验等方式，激发教师的科研兴趣。

第三，实施多元培训，提升教师综合竞争力。在校本培训的基础上，实行多元化培训。例如，依托校内外资源举办讲座和培训；对教师申请中长期国内外进修访学项目予以积极支持；鼓励中青年教师参加各类英语语言教学的进修与培训；注重教师信息素养和教学技能的培训。同时，提供交叉学科的进修机会，实现多层次的跨学科整合，拓宽教师的知识面，促进教师知识结构更新和教学观念的转变，提高中青年教师的业务能力和综合素质。

第四，明确政策指引，完善教师发展竞争机制，明确政策导向，鼓励科研与教学并重，是促进大学英语教师专业发展的关键。如实行科研型骨干教师培养计划，为科研能力强且成果显著的教师减轻教学任务。实行科研与教学并重的激励机制，激发教师进行教学实践探索和创新的积极性。制定合理政策，合理规划，分层推进教师专业发展。

新的混合式学习模式主张在传统的课堂面授之外引入网络辅助教学。大学英语教师应尽快做好充分的知识技术准备，主动提升自己的专业素养和教学技能，增强信息技术能力。同时重视教学实践，积极进行教学研究，以科研促教学，促进自身专业发展。教师素质的提高和教师专业发展取决于教师追求自我提升的内在动力。同时，教师所处的外部环境，即学校的教育管理部门也要积极探索促进教师专业发展的策略，为教师专业发展提供有力支持。

（三）英语专业教师文化领导力的架构

英语专业教师文化领导力的架构与英语专业教育以及整个社会的大环境息息相关。英语专业教育在多元文化共生的语境中无法摆脱来自经济的全球化、劳动力的多样化、灵活多变的工作安排、和谐的人际关系以及对社会负责的行为期待等因素的影响。

第一，经济的全球化在很大程度上使英语成了国际通用语，它之所以重要是因为它所承载的信息已渗透到人类社会生活的各个领域。信息化、多元化以及全球化的时代特征，要求英语专业教师在这种时代背景下除了要有坚实的专业知识与技能之外，还要具有国际化的教育理念以及跨文化的综合知识，不仅要有传授语言知识的能力，更要有文化传播与文化理解的能力。

第二，劳动力的多样化不可避免地将导致文化个性的多元化。①女性劳动力数量比之前大有增长，增长的原因是女性劳动力的认可程度增加以及女性经济自主性增强；②生活以及工作的时间长度也在渐渐增加。由于和平时代的经济兴旺发达，新组建的家庭以及他们的后代激增，他们都已成为劳动力的主体力量。

第三，人们越来越喜欢灵活多变的工作安排，即时间上的灵活以及工作任务分配强度的灵活性。

第四，英语专业教师的文化领导力要适应社会责任和道德的要求。

第五，和谐的人际关系影响个体事业的成功。因为它意味着人们是否愿意改变自己的行为方式来适应环境，教师是否愿意改变自己的行为方式来迎合学校领导、学生的心。

（四）英语专业教师文化领导力的发展思潮

英语专业教师的文化领导力是英语专业教师为了实现教学目标在教育过程中所表现出来的文化影响力，即除了职业所需的专业领导力以外的与其他职业群体不同的价值观、思维方式、跨文化素养、文学艺术特质、交际策略、尽责风范、适宜人际及魅力风格，它包括英语专业教师对多元文化的自觉、开放、可选择和可完善等文化领导力内涵以及自主、独立、能动和创造等文化独特性。文化领导力在多元文化共生语境中渐渐成为英语专业教师发展追逐的主流；英语专业教师的文化领导力的发展由于人文主义思潮的再次兴起而被重新唤醒，并成为研究的热点。

英语专业教师的文化领导力涵盖以下方面：第一，价值观念：“个性自由”“机会均等”“竞争意识”“敬业进取”“依法管理”；第二，思维方式：“理性演绎”“求异创新”“直线分析”“实证求真”“认知风格”“超前思虑”；第三，跨文化素养：“目标语文化与本土语文化兼顾”“尊重受教育者的差异性”等；第四，文学艺术特质：“文学作品评价”“美术欣赏”“音乐品评与修为”；第五，交际策略：“转述与迂回”“借用与求助”“非言语表达”。

第四节 “互联网 +”背景下英语教师媒介素养发展

互联网时代的来临，为高校英语教师媒介素养发展提供途径，同时也对高校英语教师综合素质提出较高要求。在互联网时代背景下，“高校英语教师须逐步加强自身专业教学技能与综合媒介素质建设，不断推进高校英语教学改革，实现高校英语院校学生专业素质的全面提升，为社会培养现代化应用型人才”。①

一、“互联网 +”背景下英语教师媒介素质的发展要求

长期教育实践活动，将具体教育经验总结和归纳为知识教育和实践教育两类，推行“知行合一”教育学理论，在教育界传播与应用最为广泛，在“互联网 +”时代同样适用。对高校英语教师素质发展提出具体要求，旨在通过培养英语教师网络教育意识，引导高校英语教师将互联网技术作为高校教育体系中的重要组成部分，为学生营造优质的网络学习环境，激发和调动学生的学习热情与英语情感，加快实现高校英语综合素质教育目标。

互联网时代的来临，要求高校英语教师具备较强的政治意识，在国家教育部门相关规定的指导下，正确利用互联网技术与多媒体平台，熟悉并掌握互联网平台的使用章程，积极拓展和延伸高校英语教育教学内容，坚持教学方法和教学模式的创新，强化自身专业知识经验、教育能力与职业道德素质，充分发挥“互联网 +”时代的教育优势，全面提升自身媒介素养，为学生开创更加优质、高效、便捷的教育模式，加速高效英语课堂教学与网络在线教学的融合，确保教师政治素养发展方向的正确性，加快实现高校英语教师媒介素养由“量的积累”向“质的飞跃”方向转变。

① 赵珊珊：《“互联网 +”背景下高校英语教师媒介素养发展途径探讨》，《湖北开放职业学院学报》2022 年第 35 卷第 4 期，第 167 页。

二、"互联网 +"背景下英语教师媒介素养的发展途径

网络技术与媒体平台的产生与发展，加速线上教育与课堂教育的融合，对高校英语教师教学水平及综合素质带来挑战。它要求国家、高校、英语教师三方充分发挥自身作用，国家教育部、地方政府及地方教育局要充分发挥自身职能，通过制定相关教育教学政策、加大资金和技术投入力度等方式，推进网络教育走进高校英语教学课堂。高校要积极引进网络英语教学设备，建设校内英语教育实践平台，英语教师要充分发挥自身的教育指导作用，利用高校英语在线教学系统，掌握英语线上教学软件应用技能，丰富网络教育教学内容，逐步构建以英语学科为核心的网络教育体系，提升教师综合媒介素养。

（一）深化网络媒介的教育理念

据当前高校英语专业教师媒介素养发展程度分析，教师媒介素养及综合素质的发展缺乏灵活且充足的素质培养空间，要求国家立足实际，针对高校英语教师媒介素养发展相关问题，提出针对性解决措施。重点强调高校英语教育教学的"三全"理念，即全体、全方位、全过程，为社会相关领域及英语对口专业输送应用型、复合型、专业型人才。其间尤其需要加大对高等院校专业人才的教育，通过多种方式培养"四有教师"，在"互联网 +"时代背景下，通过多种渠道、多种方式拓宽和延伸高校专业教师的教育知识，丰富教师教学经验，全面落实"教育兴国"目标，深入贯彻高校专业教育理念，强化高校专业教师的综合素质与教育教学技能。

（二）学校须搭建媒介培训平台

互联网时代背景下，各大高校要全面落实"科教兴国、人才强国"战略发展规划中的教育工作，加大对专业人才教育的重视程度，充分发挥高校在英语教师培养与专业教育中的指导性作用。通过多种方式和渠道强化英语教师网络意识，积极引导教师树立现代化媒体教学观念，进而提升英语专业教师媒介素养，为学生提供高效的学习平台。

第一，各大高校要开设媒介素养相关的教育培训活动，加强英语专业教师岗前培训，组织年轻教师进行网络媒介技术培训活动，逐步强化和巩固英语教师专业教育思想与教学职责，提高其师德修养水平。鼓励和引导年轻教师树立"终身学习"理念，充分利用网络继续教育网站及相关教育平台。要求英语教师针对专业教学相关问题进行深入探讨和分析，通过网络教育教学资源，丰富自身知识文化，加快构建完善的英语教育教学体系，提升英语教师媒介素养。

第二，高校要积极搭建网络媒介素养分享平台，严格执行英语教学大纲，根据高校英语教师综合素质及媒介素养发展的实际状况，为教师制订全过程、全方位、多角度的网络媒介人才培养计划，鼓励和吸引英语全体教师广泛参与到媒介素养教育分享实践活动中来。建立健全高校网络媒介素质教育教学体系，为英语专业教师综合素质的发展提供助力，全面落实高校媒介素质培养政策，进一步提高英语教师教学的专业性。同时高校要加快建立

“传帮带”培养机制，通过与网络媒体相关专业院校展开合作，为英语教师提供和创造进修机会，利用网络平台和媒体技术，实现英语教育教学信息、资源、经验的交流与共享。这不仅有利于培养现代化专业复合型人才，还对英语教师综合素质及媒介素养起到积极的促进和提升作用。

第三，高校要逐步丰富教师媒介素养培育内容，以网络媒介作为与英语教师沟通的桥梁，组织开展网络媒介教育培训工作，通过网络媒介选择、功能综合评价与平台利用等环节，传播和推广现代化网络媒介价值观，加速网络媒体与英语专业教育教学活动的融合。基于网络信息筛选与过滤功能，将不利于教师职业道德水平及网络媒介素养发展的培训内容及时剔除，充分发挥网络信息分析与综合评价功能，鼓励和引导高校英语教师利用网络媒体技术，正确分析和辨别网络教育教学资源和相关信息的准确性与真实性，逐步深化英语教师对网络媒介教学的认知与理解，从而提升教师网络媒介素养。

第四，高校要结合“互联网 +”时代教育特征，为英语教师制订媒介教育政策扶持规划，通过多种方式和渠道，创新和更新高校英语教师媒介素养教育培养模式，打造适合网络社会发展的在线英语教育课程，逐步丰富和延伸高校英语专业教育内容。组织教学督查监管小组，对高校英语教师教学水平、教学效果、教学手段及教师综合素质进行阶段性检查与考核，督促英语教师团队之间进行网络媒介教学交流。通过教学评价与教学反馈机制，逐步优化和改善高校英语专业教育教学质量，进一步激发英语教师的教学热情，为教师媒介素养的发展与提升奠定基础。

（三）教师须强化自身媒介素养

高校英语教师作为教学实践活动的主导者，在进行专业教育教学工作期间，须顺应网络时代的发展和变化，掌握“互联网 +”时代背景下高校英语教师角色及综合素质的变化规律，在国家和高校相关培养政策的指导下，逐步强化自身网络媒介素养，为学生提供更加丰富、优质的学习内容，拓宽学生英语学习渠道，构建网络时代下高校专业英语教育教学新模式。

第一，高校英语教师要加快推进网络媒介的内在化意识建设，通过多种途径开展网络媒体专业教育教学实践活动，在国家和高校媒体融合相关政策的指导下，树立终身学习的意识和观念，逐步落实网络媒体与英语教师的结合教育工作要点。利用网络技术与媒体平台，丰富和拓展自身的媒介教育知识，明确英语专业网络媒体教学目标，充分发挥网络媒介对高校英语专业教育教学活动的促进作用，优化和调整高校英语教育课程体系，实现英语教师教学模式与教育职能的转变。

第二，高校英语教师要确立团队化媒介素养提升战略目标，在英语专业学院内部，组建网络媒介融合教育教学团队，吸引校内经验丰富的老教师与充满活力的年轻教师参与其中。通过开展教学研讨会、网络媒介教育座谈会及专业教师教学经验交流会等形式，将网络媒介与专业教育融合的成功教学经验进行交流和共享，逐步打造教学资源丰富、师资力量雄厚、网络技术应用灵活的现代化英语专业教学队伍，加速英语教师媒介素养的发展和进步。

第三，高校英语教师要通过网络教育平台，构建立体化融合媒体教育教学资源库。充分发挥网络技术与媒体平台在英语专业教育工作中的应用优势，利用网络平台收集英语教学资源，加速优质英语教学资源科学整合，发挥网络教育教学资源的作用和影响力，为学生营造和创建良好的教学环境，加速网络媒介教育资源的整合，从而提升高校英语教师网络技术应用水平，促进教师媒介综合素养的发展。

综上所述，网络时代背景下，高校为实现现代化应用型、复合型人才培养目标，必须对英语专业教师网络媒介核心素养进行提升。要求国家、高校及教师从各自角度出发，逐步深化和落实网络媒介教育观念，共同探索新型网络媒介与英语教育融合教学模式，加速高校英语教育教学改革，进而提高英语教师的网络媒介素养。

第四章 “互联网+”背景下英语教师专业发展能力

第一节 教师专业发展的教学能力与学术能力

一、教师专业发展的教学能力提升

教师的教学能力是教学活动得以完成的保障，是教师提高教学质量的核心因素，是教师专业素养的重要体现。在实践中理解教学，在实践中发展自己的专业知识和能力，在实践中规划自己的专业发展步骤与过程，应该是最根本，也是最有效的途径。

英语教学是一项涉及第第二语言言习得、教育学、心理学、认知学、社会学等诸多因素的复杂工程。英语教学从本质上不光需要解决“教什么”，还需要解决“如何教”的问题。教师在个人实践教学过程中，应充分考虑教学环境、学生需求和水平、教材和大纲等众多因素，再结合教师个人的经验水平、个性品质等实施教学实践。因此，教学能力贯穿于教学过程的始终，是教师为培养学生综合素养的同时实现自身专业发展，有意识地影响教学效能的各种作用能力的综合体，是在认识和实践中生成发展的、有效完成教学工作及其相关活动所需要的知识、技能和态度的交互谱系，既需要学识认知的支撑，也是心理特征和个性素养的外显，并通过技能的行动方式反映出来。大学英语教学，除了传授语言知识和训练语言技能之外，根本目的是培养学生的自我学习探究能力及完善的独立人格。大学生除了有效学习之外，还应提升分析解决问题的实际操作能力和研究创新能力。“大学英语教师应借助创造性的教学实践和兼容开放的多元文化意识，全面塑造学生，将先进文化的精髓潜移默化地传递给学生，推动其科学精神与人文素养的共同提高，成长为胸怀博大、视野宽广、心系全球的世界公民。”①

同时，英语教学的内容强调时效性、实用性、共享性、思辨性。在信息技术飞速发展的时代，虽然大学英语课程具有相对稳定的结构，但大学英语的教学实践应体现知识与时俱进的特点，体现变通性和互动性，这也需要教师不断更新知识结构，在教学实践中不断总结经验，提升教学能力。大学英语教师应勇于打破和改变传统教学模式，争取创造更加真实多维的语言教学环境，提供多种渠道，运用现代化的教学手段，扩大学生英语学习途

① 徐玉苏、陈明瑶：《“后方法”时代大学英语教师专业发展的叙事探究》，浙江工商大学出版社 2017 年版，第 209 页。

径，提高大学英语教学质量。

此外，大学英语教师应在"后方法"思想的指导下，根植于其所处的特殊的社会文化背景、特殊的教学环境和追求特殊目标的教师和学生，努力挖掘自身教学的特质，充分发挥自己的教学所长，并全面考虑本土环境、学校情况、课程设置、教学资源等多方面的教学特殊情境，结合不同的教学对象探索最合适的教学实践。

（一）教师专业发展教学能力提升的影响因素

1. 内部影响因素

（1）教师职业道德的需求。教师之所以称为师，教是根本。孔子云："学而不厌，诲人不倦。"唐代韩愈《师说》曰："师者，传道授业解惑也。"一个合格的高校教师应先成为能传授学生知识与技能的授业者和解惑人。

（2）教师专业发展的需求。在教师专业化的背景下，对教师教学能力的理解不能仅是"传道授业解惑"这种"知识—传授"的纯粹简单的能力，特别是对于高校教师而言。因其所教学的内容、对象、目标及自身发展的不同需求，决定了他们在教学中理应成为一个能够开展课堂活动、驾驭课堂气氛、引导学生科研探索、激发学生创新动力、帮助学生专业成长并同时获得教师自我提升的艺术家、创造者和开拓者。

2. 外部影响因素

（1）学生的需求。高校学生对高等教育专业课程的学习有较强的自主选择权，其学习目标的指向为直接就业或追求更高的学业层次。他们所需求的教师，应是能带领他们进行专业探究，启迪专业智慧，提升专业能力的引路人。因此，教师不仅要在教学中传授本专业的前沿知识，还要具有研究社会发展对专业人才规格需求和能力结构方面动态的能力。

（2）学校的需求。人才培养、科技发展、服务社会是高校的三大职能，这些职能最终要通过高校教师来承担和实施。由此，高校所需求的教师，应是具有广博的专业知识、深厚的学术造诣、追踪前沿学科精神的教学者和研究者。

（3）社会的需求。高等教育在发展科学技术文化、促进社会现代化进程方面的功能日益凸显，高等教育在建设人力资源强国和创新型国家中所具有的重要作用被人们所重视，社会对高校赋予更多的期望，同时对高校教师提出了更高的要求。社会所需求的高校教师，应是具有高尚的学术修养和立德树人风范的教育家和管理者。

（二）教师专业发展教学能力提升的需求分析

要实现高等教育的全面提高，培养出适应国家经济社会发展需要的拔尖创新人才，需要对高校教师教学能力提出更高、更明确的要求。

（1）现代教育观念。现代教育观念对于高校教师教学组织行为的选择尤为重要。现代教育的全过程应该是能提高受教育者的能力的过程，包括思维、学习、兴趣、适应、实践、合作、发展、创造和社会责任等能力。现代教育追求的是在现实的生活中传授未来的知识，在提高现实的能力中培养未来的人。我们必须从能力教育抓起，这就要求教师在教学过程中必须把能力的培养贯穿于知识传授的全过程。

（2）多元的信息整合。大学向来推崇精神独立、思想自由的学术追求，强调的是信息资源整合与重组、技术集成与转化的能力。高校的多学科、多功能的特点，决定了高校教师的教学必须冲破单一的学科专业界线，要善于与其他学科专业教师交流学习，在不同学科思想的交流中发现不同学科间的内在依存，通过学科的交叉与融合来推进教育教学机制改革。此外，高校教师的教学面对的是不同学科专业的学生，对不同学科知识的学习和涉猎，更有利于其了解学生的学科专业特点，尝试构建一种多元灵活的教学组合模式，有针对性地开展教学与培养工作。

（3）健康的心理素质。基于高校学生特殊的年龄段的生理、心理特点，高校教师在教学过程中有责任对其进行正确的引导和调控。同时，要求高校教师拥有健康的心理素质、良好的心理调节能力，能主动地适应繁杂多变的知识经济社会，并能正确判断和处理科技信息问题。无疑，高校教师这种积极健康的人生态度和价值追求会自然流露在实际的教学过程中，通过言行举止直接影响和感染其所教授的学生，触动学生，使其形成奋发向上的心理效应，从而实现立德树人的育人目标。

（4）务实的创新精神。高等教育的目标任务之一是培养拔尖的创新人才。高校需要创新人才培养模式，实施卓越工程师、卓越教师等教育培养计划。这些目标计划的实施，无不对高校教师的教育教学提出创新的要求，即在教学过程中，创新教学管理模式，探索在教师的指导下学生自主学习的模式；创新教育教学方法，倡导启发式、讨论式、参与式、探究式、发现式教学，促进科研与教学互动，支持学生参与科研活动；创新考核方式，注重对学生学习过程和能力的评价。教师的创新精神在信息选择和科学探究等创新教育教学行为中具有重要的作用，能为学生创造性地开展活动提供精神示范，由此激发学生创造的激情，促使学生逐渐形成创新的意识、精神和能力。

（5）科学的职业规划。职业规划是指根据个人发展，在对个人和内外环境因素进行分析的基础上，确定自己事业发展的目标，并做出相应的行动计划和合理安排。科学的职业规划有利于高校教师在教学中将个人发展与学校发展、学生的发展结合起来，通过明确的目标设定和有效的教学行动，在帮助学生专业成长的同时实现自己职业专业的发展。同时，教师要将职业规划的理念融入教育教学过程，将专业教育与创业教育有机结合起来，强化学生的职业规划意识，训练学生的创业思维，使每个学生能主动地学习。

（三）教师专业发展教学能力提升的主要内容

1.提升综合品质能力

教师综合品质能力提升，可以从以下方面入手：

（1）人际理解和沟通能力指的是对他人需求、目的、愿望的理解能力，去感受他人的想法和感受，并且根据他人的动作和语言理解他人的想法，掌握他人言语和行动之外想要表达的情感内容，理解时还可以相应的语言辅助，让自己更好地理解他人想要表达的情感。要求高校教师能够了解复杂的根本问题，对主动提出或观察得知的问题提供协助。

（2）成就导向能够引导个人向更优秀的目标前进，达到更高的绩效标准。绩效标准并不是固定的，既可以是针对过去表现而进行的改进，也可以是客观存在的、普遍认同的衡量标准，也可能是和他人做比较的标准，还可以是根据个体自身情况而设置的充满挑战性的工作或是对未知的挑战。在改善绩效时，需要教师投入精力、投入资源、投入时间。尝试全新并具有挑战性的目标，采取积极、充分的行动面对挫折和失败，达成创新的目标。

（3）自我效能感是指当个体遇到挑战或者遇到挫折的时候，个体为达成目的、完成任务从心底涌现出的信念。纵观世界上的杰出表现者，他们大多数都是非常自信的。对于高校教师而言，自信心是非常重要的要素之一，有了自信心的教师会勇于挑战任务，会更愿意主动承担责任，也会使用更多的方法、更多的技巧和学生或领导进行友好的沟通，更好地表达自己的意见。如果遇到工作冲突也能够更加自信，条理清楚地指明自己的立场；如果遇到失败，向他人承认自己的错误，采取行动改正问题。

（4）学习发展能够让自己从社会经验中吸取教训，有助于科学研究，有助于增加见识，提高学识技能，有利于教师未来的持续发展。高校教师要具备非常强的学习意识，要始终热切关注技术的发展以及领域的最新动态，当今社会提倡教师始终保持学习的心态，一边学习一边进步。与此同时也要求教师进行阶段性的自我总结，总结能够帮助教师更快地提升，有助于教师未来的全面发展。

（5）同理心能够让教师站在他人的角度来理解他人所经历的事情，了解他人的情感和感受，而且同理心能够让当事人从沟通中感受到教师对自己的理解。在同理心的要求下，教师可以站在他人的角度理解他人的感受，设身处地为他人着想。同理心是教师展开工作的依据，在细心观察以及认真分析下，教师可以从他人的语言表情动作中感受到他人的情绪变化，可以根据他人的情感需求做一名真诚的倾听者，也可以说他人想听的话，能够更快、更好地和他人展开友好的沟通。

（6）知识和技能，是指个体所拥有的特定专业领域的信息、知识和技能，可以指导自己的行为，完成相应任务。要求高校教师成为学生工作领域的专家，具有资深、系统、交叉的专业知识和技能，在行业领域具有权威性，是学生工作中的榜样。

2. 提升心理调适能力

教师既要注重自身心理素质建设，也要加强学生心理素质培养，正确处理两者之间的关系，形成积极向上的学习氛围，帮助学生树立正确的人生观和世界观。高校教师在工作和生活过程中难免遇到各种挫折，当面对各种压力时能够自我调整，从容面对压力和挫折，这是一名优秀教师应该具备的心理素质。教师心理调适的提升包括以下方面：

（1）正确认识自我。从心理学的角度讲每个人都认为对自己非常了解，实际上他们会高估或看低自己，并没有做到客观地评价自己，这会影响准确的自我认识。所以要在教育教学实践过程中从不同的方面和渠道认识自己，从现实生活中提取有意义的参考信息，以客观中立的态度全方位认识自己，从而避免过多的主观因素影响对自己的正确评价。

现实生活中应正确客观地对待自己，要注意自我接受，从心理上悦纳自我。每个人都具备优点和缺点，自我接纳就是要接受优点和缺点。很多人在接纳自我的观念上出现问题，导致产生心理问题甚至心理障碍。立足现实勇于接纳自我，就要具备一定的能力实现合理的目标，但注意不能进行不切实际的对比，比如将自己的短处和他人的长处做对比，这样会挫伤自信心。对于教师而言良好的自我观念有益于自身素质提升。

自我观念的形成离不开日常生活经验的累积。良好的自我观念与各种知识息息相关。教师要在工作中多接受新鲜事物，总结经验提高自身素质。要在教学过程中通过积累教学经验和观察学生的学习状况，提升教学质量，达到教学目标。教师要总结教学方法，了解各种教学方法对学生学习效果的作用，这样对自己会有更深入的了解，自我认识就更客观，自我观念就更坚定，对自己也就更有信心。

（2）正确认识职业。高校教师虽然工作繁重、生活清苦，但如果教师有了正确认识和心理准备，就愿意教书育人、诲人不倦，就能够正确对待工作中的一切，也就具备了教师心理健康的基本条件。

社会要不断进步，就要不断改革，教育也是如此。其实，人天生就有一种探究心理，个体的成长与发展就是新问题的探究、尝试和新经验的积累过程，从事教师职业的人尤其如此。积极投身教育教学改革不但是心理健康的教师的积极行为，同时也能给遭遇职业危机并处于心理危机中的教师带来新的挑战和工作活力。高校教师是一种帮助他人成长、服务整个社会的职业，教师的职业性质决定了要与周围的同事、领导、学生以及学生家长经常沟通联系。正确处理相互之间的关系对促进自身身心素质提高和达到教书育人的良好效果有很大帮助。教师的育人对象是学生，因此师生之间处理好关系显得特别重要，不仅能够促进教师的心理素质朝着积极向上的方向发展，而且会对学生的心理素质产生正面积极的影响，更有利于学生健康成长。教学过程中教师要尊重学生，与学生建立良好的沟通，做学生的良师益友，那么无形中自己的心理健康也就得到了保障。

（3）寻求多方帮助。寻求帮助是指高校教师在无力解决自己的心理问题时，求助于心理专家、同辈进行咨询、诊断与治疗。工作中有压力是正常的，但是当长期的压力导致出现心理问题甚至心理疾病而自身又不能自我排解时，就需要心理医生的帮助。可以获得心理方面帮助的渠道很多，如心理咨询、心理诊断，并根据得出的问题进行相应的心理治疗等。各个阶段的侧重点不一样，但总体方向是一样的。

（4）树立终身学习理念。社会飞速发展，新的知识层出不穷。高校教师如果不学习，势必造成信息的落后，就会跟不上时代的步伐，跟不上社会的发展。而大学生好奇心和求知欲强，特别喜爱并善于接受新事物。这就要求高校教师要树立终身学习理念，只有不断提高自身综合素质，不断学习和掌握新的知识，尽快适应新的教学观念，掌握新的教学方法，达到新的教学要求，才能寻求新的发展，也才能真正拥有心理上的安全感。

二、教师专业发展的学术能力研究

高校作为学术性的育人组织，其目标是整合教学与科研的功能要素，以开创研究活动，更好地培养一流人才，并通过该行动方向激励和规范组织发展。学科研究丰富教学内容，教学研究指导教学实践，两者均不可或缺。一位优秀的高校外语教师，不应只会上课，而应该是一位研究型教学者，能够将教学和科研有机结合，在发现课题、验证理论和开展实践中获得灵感。而科研工作则能保证教学的科学性、前沿性和时代性。

大学英语教学与英语学习的研究主要包括：教学过程研究、教学方法研究、教材研究、测试研究、教师研究、学习者研究等。教学过程研究包括具体的课程教学研究、教学改革研究、第第二语言言习得理论与英语教学及英语教学与其他学科间的交叉研究。教学方法研究指的是对教学方法的理论与实践、课堂的组织与实施、不同教学手段的合理使用、外语学习策略、课程设计等教学环节的研究。教材研究主要指的是大学英语教学所使用的教材及教学大纲的研究，如教材编写及评价体系的构建、教材建设与教程评介、多媒体学习软件的设计等。教师研究包括大学英语教师的教育与发展、教师角色和教师话语运用等与教师这一角色相关的研究。学习者研究是对英语学习主体的研究，包括学生英语能力和学习行为描述、学生语言学习观念及学生角色分析等方面的研究。测试研究是对英语学习者语言能力的评估手段，即大学英语四、六级考试改革和试题库建设等教学评价系统的研究。

由此可见，教师应先转变观念，增强科研意识，培养科研兴趣和内化动机，认识到科研工作是教师的职责，是人才培养质量的保证，也是教师本身职业发展的关键。处于"后方法"时代的大学英语教师应树立"教学理论实践化、教学实践理论化"的信念，实现教学研究者、实践者和理论构建者的统一。教师应从课堂实践的经验中建构自己系统的、一致的、与教学密切联系的理论，以取代理论家施加于教师的那些教学方法。同时教学理论又必须经过教学实践的检验，不断得到修正与完善。因此，大学英语教师要争取自我发展，告别"被科研"，从教学中发现科研问题，进行源于教学、服务教学的科研，实现教研相长，实践严谨审慎的科研方法，既紧密结合英语教学，又强调科研方法，提高学术水平和科研素质。

同时，在我国大学英语教学研究中，教师应立足自身的课堂，不仅把课堂作为传授知识的场所，也把课堂视作提高教学效果的研究基地。根植于教学实践的复杂性、综合性、特殊性，教师应宏观了解教室里发生的一切，系统观察教学，解释教学事件，评估教学成果，反思具体的需求、形势、教与学的过程，学会批判地审视“自上而下”的理论运用模式，力图建构以教师为基础的“自下而上”的适合教学实践的理论体系。

大学英语教师学术发展的过程中，内因起着决定性作用，外部条件在内因的基础上起到形成性作用。宽松、互助、健康竞争、积极向上的学术氛围可以为教师的学术发展提供良好的空间。英语教师在自己的学术共同体中得到肯定、支持、扶持，就获得了激励，就有积极主动的心态投身于教学与研究相结合的事业，提高学术中的悟性、敏感性和研究动机，敢于创新，勇于交流。个人的视野和能力终归是有限的，大学英语教师也需要依靠合作交流，才能拓宽视野，共享资源，克服发展过程中的障碍，及时获知较新的前沿学术动向。教师的科研意识可以通过团队论坛、座谈等形式得到唤醒，教师的科研能力可以通过科研交流、对话得到提高。大学英语教师需要树立较强的科研意识，设计课题，运用合适的方法与手段，探索教育、教学规律，并科学规范地表达研究成果，积极参与国际国内同行交流，使自己的思维成果表现出开拓性、突破性、创新性，最终达到自我发展和可持续发展的目标。

第二节 教师教学自主的思想与行动研究的能力

自主（autonomy）一词，源于古希腊的政治术语，是 auto（自我）和 nomos（法律）的组合，指自我规范和自我管理的国家特征。在教师自主领域中，教师自主主要表现在教师相信自己拥有足够的专门知识，在教学上是合格的权威人士；教师有权根据自己的选择组织教学；教师自进入课堂之时即可将各种束缚暂时抛开，在课堂上形成自己灵活的、恰当的个性化行为。成功的教师的自主性体现在教学工作中的个人责任感，教师通过不断反思和分析，能够最大限度地把握教学过程中的情感和认知，并善于利用课堂的自主空间。

教师对自主的追求就是一种自我修炼和自我进步。为了获得自主，教师需要确定自己的职业发展目标，提高自己的观察能力、批判反思能力、独立行为能力和自主决策能力。

在传统教育理念中，“课程”被视为一种静态知识体系。传统教育理论家往往把教育活动分解为目标、大纲、教材、教法和评估等一系列制度化与管理化了的课程元素。在这种课程体系中，教师及其教育活动被简单化和表象化，课堂实践呈现唯教材、唯教参、唯教案的倾向，忽视了教师的自主意识和自主价值观。同时，教师在教学中也会遇到各种制约，如上级管理部门的政策制约，机构主管部门的课程规章制约，考试的制约，教师地位的制约，资金和硬件设施的制约等。

然而教学是一项灵活决策、富于创造性的复杂活动，是课程的创造与开发。教师作为课程的有机组成部分，对建构和提升课程意义起到了决定性的作用。自主的教师具备教学选择的能力，对教学具有强烈的个人责任感，会对自己的教学过程进行不断反思和分析，以求最大限度的控制教学过程，控制自己的职业行为能力。在具体的教学过程中，自主性强的教师能按照自己的意愿和方式，自由呈现教材、教学内容，自由创作、改进或超越课程内容，自由控制自己的课程、课堂以及课程目标，自由创设和营造课堂氛围，与学生建立融洽的师生互动关系，并自由培养和发展学生的学习自主性。

教师的自主教学强调教师在教学中的中心地位，赋予教师以权利和自由，充分发挥其积极性、主动性和创造性。因此，处于"后方法"时代的大学英语教师应主动打破传统观念，克服各种束缚，更加积极主动地投入教学，确立教师发展的自主教育意识，主动谋求教学上的自主发展，积极更新教学理念，培养学习者的自主学习能力，利用信息技术优化教学效果，总结工作经验，提高实践能力，促进自主创新，提高教学效果。

另外，除了努力实现教学上的自主发展，促进专业发展的另一条有效途径就是进行学术上的自主研究。越来越多的教育工作者认识到了反思是学术研究的本质特征。反思型学术研究有助于教师凭借实际教学经验的优势，在实践中发现问题，通过深入的思考，寻求解决问题的方法和策略，将理论与实际相结合，产出理想的学术研究成果。

反思性行为有别于常规性行为，是对任何信念或假设，按其所依据的基础进行的主动、延续而周密的思考。教学不是墨守成规，而是在深思熟虑之后结合具体教学环境所采取的行动。教师并不是固有知识的传递或传播者，而是能批判性并富有想象力地回顾过去，能对事件的因果关系进行思考，能对事件的发生做出合理解释，能分析具体任务并制订下一步教学计划的具体问题解决者。因此，只有教学中及教学前后的反思才能帮助教师应对日常教学实践中的挑战，而不是过度依赖专家的指导。

教师能够通过自身了解的教学准则、实践活动和课堂教学过程，对教学复杂性提出一些新颖的、富有成效的见解，而这些教学复杂性是远离课堂现实的专家们所无法知晓的。在教师教育领域，关于教师专业能力的具体内容尚未达成共识，但是普遍倾向于认为通过反思解决教学问题是必不可少的。教师只有在具体的教学环境中不断地反思，才能更有效地了解自身意识中的教育理论及其对教学行为的影响。同时，批判性和学术性的教学反思是大学教师专业发展中不可或缺的能力。没有理论反思和建构的教学可能会演变为主观经验的无意义累加。当教学上升到研究层面时，教师的反思应回到理论世界进行重建，以研究者身份系统提炼内隐的实践经验，发展为规范化、文本化的理论体系，教学经验也会从自然而然的动态行为转变为具有深刻内涵和无限外延的学术研究，推动教学理解走向深入。因此，教师在教学实践中应借助行动研究不断探究、解决自身和教学目的及教学工具等方面的问题，将学会教学与学会学习统一起来，努力提升教学实践合理性，使自己成为学者型教师。

另外，大学英语教师应增强科研能力，树立正确的科研意识。我们搞科研不仅仅是为了评职称，更应该是基于发展的需要，提高自身能力的需要，提升教学水平的需要。理论和应用的研究，对教学起着直接或间接的促进作用。教师从理论中获得指导或启发，反过来也从实践中检验理论假设或找到新的研究问题。大学英语教师要全面了解自己的研究特长，积累更多的研究方法，学习更多的同行经验，阅读更广的研究成果，思考更多的得失成败，了解更新的学术动态，才能知己知彼，发现问题，探索创新，从单纯的教学型教师，逐步成为研究型教师和专家型教师，由“传道、授业、解惑”的传统型教师，变身为“学术型”教师，实现教学与研究的同步发展，全面进步。研究型教师通过自我认识、自我分析、自我评价，获得自我发展，使自己的理性思维得到提高。通过对研究问题及解决问题的过程进行综合的考察、分析和思考，深化对问题的理解，优化思维的过程，揭示问题的本质，探索出一般的规律，沟通原有知识和新知识之间的相互联系，促进知识的同化和迁移，才可能有新的发现。

教师发展是个人的价值体现和生命意义，是自我尊严感和自信的来源。教师作为生命存在，都有自我实现的需求和愿望，具有专业发展的内在需求。大学英语教师的专业发展应以自我发展为目标，在教学与研究的过程中不断学习和反思，使自己的学术素养不断发展和完善。在这一过程中，教师根据教学实际和前期成果展开自我设计、自我追求、自主探索，通过多种途径尽可能地厘清自己的价值观、学术追求和专业特长，用积极具体的行动和研究方法去争取自我发展的实现。因此，众多英语教师如果能将科研与教学有机结合，改变传统的科研观念，追求教研相依，就有望达到自我发展和可持续专业发展的目标。

第三节 “互联网 +”背景下英语教师专业能力发展

当前，新一轮科技革命和产业革命正在孕育兴起，互联网、人工智能、3D打印、5G通信、纳米技术等先进科技的发展正在引领教育领域的重大变革，人们的知识获取途径、传授方式也发生了深刻的变化。“互联网 +”时代，英语教师不仅要有较高的英语水平，深刻理解现代教育技术和理论，还应具备良好的信息化开发应用能力，能够把信息技术与学科进行整合。“作为新时代的高职英语教师，应迅速转变角色适应新的时代要求，抓住时机，利用先进的科学技术，使教学理念、教学方式以及学习方式朝着智能化、个性化、融合化的方向发展；推动师生从技术应用向能力素质拓展，适应信息社会发展的要求。”①

教师专业能力，是指教师从事教学活动中，顺利完成教学任务表现出来的稳定的个性心理特征和综合素质，是教师能够胜任教学活动所必需的主观条件。信息时代，教师专业能力的内涵也发生了演变，除具备传统教学中对学科的教学能力和职业能力外，还应具备开展信息化教学的信息素养、媒体素养、媒体技能以及创新意识。

① 黄雨：《“ 互联网 +”背景下的高职英语教师专业能力发展探讨》，《海外英语》2020 年第 1 期，第 96 页。

一、"互联网 +"背景下英语教师专业能力发展的问题

（一）教育理念与角色转变不足

传统课堂教学受限于时间、地域等要素，容易出现教育资源不均衡、难以实施个性化教学等问题，其地位和作用面临着严峻挑战。传统教学模式重知识轻体验、重结果轻过程，强调教师的主导作用而减少了学生的思考时间，制约了学生的学习积极性和主动性，降低了学生的学习热情和好奇心。且传统教学方法单一、教材安排滞后、教师知识更新速度缓慢，教师的教学价值受到了巨大的挑战，其"传道授业解惑"的传统内涵也开始瓦解。与此同时，教师的教学不再是指令性而是建设性的学习服务，教师的角色也相应转换为学生学习的引导者、评学者、教学活动组织者、协调者等。

（二）信息化素养与媒介素养有待提升

教师的信息素养主要包括信息意识、信息应用能力、媒体的选择与应用能力以及信息技术与课程的整合能力。目前，大部分高校信息表征方式单一英语教师已经掌握一定的现代信息技术理论，具备一定的信息素养。但在实际教学过程中，信息技术的应用效果还不够理想。部分教师在教学中对信息技术手段的应用只停留在 PPT 和视频层次，信息表征方式单一；对内容的学习停留在表象而不能深入到内涵认知和本质理解；学习多用点线的方式而非关联应用，学习目标单一，没有拓展到知识技能，以及过程、方法、态度、价值观等多维目标。由于缺乏信息技术与学科课程整合的基本知识，面对网络中庞大的教学资源和丰富的媒体资源，教师不知该如何筛选、整理出自己所需要的信息，也不清楚如何将信息技术与不同媒体、不同课程进行优化组合和整合，导致对网络资源使用焦虑，在运用信息技术进行教学时缺乏自信，很大程度上阻碍了信息技术与课堂教学的有效融合。

（三）信息化课程的创新意识有待加强

校园网的建立，实现了英语教学软件与课堂教学的有机结合。创新 IT 技术和产品的涌现在为信息化教学注入活力的同时，也极大地丰富了教学资源。各类计算机辅助教学（CAI）课件、多媒体素材、网络课程等校园网络资源的共享，智慧教室、西沃白板、虚拟现实技术（VR）设备等信息化设施的配备，"课堂派""学习通"等互动教学软件的使用，平板电脑、智能手机、腾讯 QQ、微信、微博等社交软件的普及，为英语教学提供了丰富的多媒体教学界面，也为教师之间的交流提供了多种渠道和平台。但是，部分教师在实际运用信息技术和媒体工具进行教学时，存在多媒体课件的盲目运用、照搬照抄精品资源、滥用媒体工具使学生无所适从等情况，不能结合自己实际情况有针对性地选择教学资源并进行教学设计，缺乏信息化课程的开发与创新应用能力。

"互联网 +"时代，海量开放在线课程（MOOCs）的日渐普及使得中国的英语教学面临全新的挑战。因此，要想保持传统英语课程在 MOOCs 大背景下的竞争力，并有效提高人

才培养质量，就需要研究教师信息化教学能力提高的方法和策略。

二、“互联网 +”背景下英语教师专业能力发展的建议

高职教育作为我国教育的重要组成部分，肩负着为经济社会建设与发展培养高素质、高技能人才的使命。2019 年 1 月，《国家职业教育改革实施方案》提出，为适应“互联网 + 职业教育”发展需求，要大幅提升新时代职业教育现代化水平，运用现代信息技术改进教学方式方法，推进虚拟工厂等网络学习空间建设和普遍应用。作为高职英语教师，必须顺应时代发展潮流，全方位提升教师专业能力。

（一）加快更新理念、提升信息素养

教师要具备信息化教学的技能。首先，要以现代教育观念作为教育教学活动的指导思想；其次，在整合技术与外语教学的过程当中，教师的技术认知、学科、教学等是动态融合的，其内在的联系构成了一个动态的整合技术的学科教学知识（TPACK）结构。作为外语教师，在整合技术时，需要着重考虑对技术的掌控程度、技术与学科的整合、应用技术时的思辨性这三个核心问题。

外语教师的 TPACK 是动态化和多元化的结构，它的主要内容可提炼为：首先，教师通过技术来促进学生的语言、交际、文化能力，并使用技术准确地表征目标语语言和文化；其次，教师通过分析语言习得和发展中的促进或阻碍因素，了解学习者知识能力，如语言知识、第二语言习得知识、认知发展理论等，逐步意识到新技术对现有知识的促进和改善作用，最后认识到技术给教师发展中的反思、合作、研究带来的机遇与挑战。

另外，外语教师对待技术的态度和认识，会对其使用技术的目的产生很大影响。如果教师能够意识到并理解技术对教学会产生积极影响，或者教师能够具有反思意识，则他们会更愿意将技术整合到教学中。所以，教师应转变思想，认识到信息技术在教学应用中的优势，根据教学任务、学习对象和学习目标，结合具体的教学环境，合理运用媒体和资源有效开展教与学的活动，才能达到加强信息技术与英语课程的深度融合的目的。

（二）强化英语信息化教学能力

信息时代，基于互联网连接、开发、共享，移动互联、移动学习和移动教学已经成为当今信息技术教育应用发展的主流。教师不仅要熟练掌握用技术设计与实施教学的核心能力，包括较强的教学技术和方法运用、教学内容解读和资源建设、教学组织掌控、监测研究和教学环境营造等能力，还要加强信息的应用与创新，教学评价及教学反思等能力。

第一，教师要加强信息化教学设计能力。在进行信息化教学设计时，必须上升到一定的高度去看，学习目标的确定不能依据主观想象或者个人意见，而是应该先从教学或学习任务出发，应建立在对学习者的学习特征、学习需要和学习环境进行分析的基础之上。学习目标确定后，要选择恰当的媒体工具和信息资源，由此来确定学习内容，再结合环境和

对象等来制定教学策略，并通过教学反思来看策略制定、效果评测、方案制订是否科学合理，是否能完成教学任务，这样才能编制出过程最优化的教学实施方案。

第二，加强信息化环境下的教学监控能力。为保证教学达到预期的目的，教师在教学过程中，对教学活动应进行积极计划、控制、检查、评价、反馈及调节，以推动教学活动顺利进行，包括教学的计划和准备，课堂教学的组织，教学内容的驾驭能力与掌控程度，以及监控学生进一步的敏感性，对教学效果的反思性、职业发展性等。教学监控能力涵盖的内容非常丰富，比如学生在网络环境下的学业不端行为，教师应采取措施进行有效监控，避免产生不良影响。

第三，加强信息化课程的开发能力。加强对精品视频公开课、精品资源共享课、SPOC（Small Private Online Course）和MOOC（cMOOCs、xMOOCs）的创新应用。只有好的课程才能帮助我们的学生好好学习。

第四，加强在授课时合理运用信息不同表征的能力。授课时，不同的信息表征方式可以使理论更加生动，使抽象的概念更加形象具体，相同的内容可以有不同的表征方式，例如，PPT、音频、视频、flash动画、图片以及图表（饼状图、线形图、思维导图等）的使用，我们应该丰富内容设计，让学生有耳目一新的感觉。

第五，提高信息化教学评价能力。信息化教学评价应由传统的总结性评价走向发展性评价，重视对学生学习过程的评价，而且评价贯穿于整个学习过程当中，并给予学生及时的反馈。

第六，提高教学反思能力。教师自我完善和自主发展的重要途径就是进行教学反思：包括从教师自我角度反思（录像法、日志反思）、从学生角度反思（学生评教、论坛留言）和从他人角度来反思（教师听课互评、专家指导、丰富的教育教学理论知识）。教师应借助信息技术、多媒体技术、网络技术等工具对教学设计、教学活动全过程及教学效果进行回顾、审视、分析和总结，形成更好的解决问题的方案。教学反思要有针对性、连续性、实践性和评价性，以此来促进教师专业能力发展，进一步提高教学质量并推动新课程的改革。

（三）增强对学生的个性化学习支持

新型的英语教学模式以现代信息技术和计算机网络技术为支撑，使英语教学突破了时间和地点的限制，朝着自主化、个性化学习的方向发展。现代教育观念强调在新的教育理念指导下开展教育教学活动，主张运用现代信息技术来优化教学效果，强调对学习者的学习需求和学习特点的分析，注重对学习者个性需求的满足，强调素质教育和创新人才的培养。在英语教学中，教师应该更新固有的陈旧观念，除了知识的传授，更应该注意引导学生提高信息资源的挖掘和利用能力，深入了解学生的水平及需求，因材施教。教师应利用信息化手段激发学生的学习兴趣，引导他们深入挖掘海量、有价值的语料，指导他们进行个性化的学习，这样可以明显地提高他们英语综合应用能力而不再是单纯为学生解释单词、句法。英语教学活动的中心由教师向学习者转变、从书本向大规模语料转变。

另外，教师在进行远程教育时，要考虑到远程教育中学生的情感需求。在远程教育中，学习者主要通过网络课件、虚拟试验等进行个性化的自主学习，教师和同学无法进行面对面的情感交流，由此造成学习者在学习过程中容易产生孤独感和厌倦、抵触情绪。再加上网络学习时竞争和评价意识的缺乏，会导致学习动机下降。由于学习集体的缺失，学习者失去了归属感，极易造成心理上的焦虑和困惑。在虚拟世界里，非理性的情感被理性的工具所淡化，交流的乐趣被数字脉冲所代替。因此，情感支持服务的重要性突显出来，必须加强远程教育专职辅导教师队伍的建设，并将情感支持服务的理念融入教学资源与平台的建设开发中。

综上所述，信息技术的发展为英语教学的创新发展提供了丰富的多媒体教学界面，突破了传统教学模式，提高了教学效率，激发了学生的学习积极性、主动性和创造性，使学生在开放、多元的教学手段驱动下展开学习，这无疑为英语互动教学注入了新鲜的血液和活力。教育信息化的升级转换了信息化的对焦点，从“物”到“人”，从强调信息化环境的硬件建设转变为以人为本，从强调技术的应用整合转变为技术和教育的融合创新，赋予了现代教育发展以崭新的面貌。面向国际竞争和创新人才成长的需求，高校英语教师必须努力提升自己的专业能力，为每一个学生的个性化学习、终身学习创造良好的信息化环境，提供有效服务和支撑。总之，信息技术为教师专业能力的发展提供了诸多的新思路和新途径，作为信息时代的高职英语教师，我们应该积极学习新技术和新媒体，不断提高创新能力，为适应新时期人才培养的需要而努力提高自己的专业能力。

第五章 “互联网+”背景下英语教师专业发展策略

第一节 建设英语教师教育一体化课程体系

“随着我国市场经济的高速发展，我国国际市场进一步打开，国际化程度进一步加深，而英语作为一种国际化的交流工具，在国与国之间、人与人之间的经济合作、文化沟通、思想交流、政治交流方面发挥着越来越重要的作用。”① 国家也不断制定新的政策和法规来更好地实施英语教育教学。但是，新时期我国高校英语师资队伍建设仍然存在很多问题。因此，加强高校教师的职前、职后一体化培养是有效提高师资力量的重要环节。

一、探索与职前培养相衔接的职后培训实施模式

（一）教师教育职前职后一体化课程体系建设目标

培养目标是为满足一定的教育需求，实现预期教育目的的教育导向标志或标准。教师教育目标一体化就是为了达到教师教育的目的，统筹、规划教师教育各阶段、各层次应该达到的水平或标准。教师教育各阶段既有共同的总目标，又有各自具体的目标，各具体目标有内在的必然的衔接关系。所以构建一体化的课程体系先要正确清醒地认识职前培养和职后培训应达到的目标。

1. 职前培养阶段目标

要在短短几年的时间内把学生培养成一个合格、成熟、能够完全胜任基础教育教学要求的教师，那是不可能完成的。从理论上来讲，教师的成长有其自身的规律，而且需要一定的时间和过程，并且教师的成长在很大程度上要靠实践中的锻炼、摸索。所以，我们在职前培养阶段的目标是打基础，塑造新手教师，或者叫准教师，重在奠基。在这个阶段应该使学生做好从事教师职业的思想准备、业务基础准备和心理准备。培养学生产生明确的从教意向，使学生热爱并愿意从事教师这个“神圣的职业”，使学生掌握广博的基础知识，综合的、系统的学科知识，教师应该具备的教育教学技能，如普通话和语言表达能力，书写规范字和书面表达能力，现代教育技术教学工作技能和班主任工作技能等，使学生成为

① 付琳芳、郭晓燕：《当前英语教师专业发展的现状与对策研究》，东北师范大学出版社 2017 年版，第 174 页。

具有终身学习和自主发展目标的预备教师。从实际来讲，职前教育阶段要解决的是学生的择业和就业的问题，而掌握了以上所提到的这些知识和能力，对于学生的就业来说也是非常必要的。总而言之，职前培养应着重于为有志从事教育者做好必需的职业准备，并为他们奠定提高其业务能力的基础。

2. 职后培训阶段目标

教师的职后培训可以划分为两个阶段：入职教育与在职教育。但总的来说，职后阶段是为了解决在职教师履职的胜任和优秀的问题。

（1）入职教育的培养目标。入职教育的培养目标是新教师职业生涯的开始阶段。在这一阶段一系列新的问题会摆在新教师面前，如课堂管理与纪律问题、教学问题等。新教师往往会在这个阶段感到茫然不知所措，因此，这个阶段的主要任务就是如何把在学校中学到的系统的科学文化知识运用到实际的教育教学中去，使他们能够较快地适应环境，实现从学生到教师的角色转换。在这个过程中要指导他们如何将理论与实践相结合，如何用理论来指导实践，弥补他们在职前教育阶段实践能力方面的不足，逐步完善其教学能力，加速完成从一个学生转变成一个正式的教育教学专业人员，并成为合格教师的进程。

（2）在职培训阶段的目标。在职培训阶段的目标不仅仅是知识的补充，更应该是思想和观念的转变、业务素质的全面提升，引导教师在实践过程当中逐步形成自己的教学风格，并将风格特色向理论高度发展，引导教师将广博、全面、可利用的知识运用到实际的教育教学当中，使教师从一个经验型、技能型的教师向专业型、研究型教师成长。总而言之，教师在职培训阶段应将其培养目标定位在适应和提高，造就合格教师或优秀教师、专家型教师。

教师教育是由不同的培养阶段组成的连续的发展过程，各个阶段之间有必然的内在联系，因此，各个阶段的培养目标不能孤立地实现，我们应该从教师整体发展的角度来确定并协调各阶段的培养重点。

（二）教师教育职前职后一体化课程体系建设原则

一体化课程体系的构建并不是盲目的、无序的，而是必须在一定的原则指导下进行。

1. 面向社会原则

教师教育的发展并不是孤立的，它必须满足社会发展的需求。而"社会发展需求"这六个字所包含的内容实在太丰富了，因此我们要对社会发展需求进行分析。这是教师教育发展的大方向，只有方向对了，教师教育才能得到迅速的发展，减少走弯路的概率。

我们从宏观到微观来对社会发展需求进行层层的分析。首先是进行社会分析，这是最宏观的一层分析，了解现在这个社会需要怎样的人才是非常重要的。社会需要具有以下七个特点的人：融会贯通者、创新实践者、跨领域融合者、三商（智商+情商+灵商）皆高者、沟通合作者、热爱工作者、积极乐观者。我们培养的教师当然也要朝这个方向努力。其次是对整个教师行业进行行业分析，即从宏观上进行行业需求分析。最后要进行职业分析和技能分析，对教师这个职业及其所需的技能进行分析。

2. 实用性原则

教师教育课程的设置应考虑课程的实用性价值，不合理、不实用的课程要砍掉。职前教育的实际目标主要是解决学生的就业问题，培养符合社会所需要的教师，而职后教师继续培训的目的是为了更好地把知识应用到实际中，更好地指导自己的教育教学，因此在课时门类过多，课时紧张的情况下，我们要精简一些过时的、不合理的课程，为增设一些实用性的课程创造条件。

3. 综合性原则

现在专门人才的培养不能囿于过去那种狭窄的知识面，而必须有比较宽厚的知识基础和广博的文化素养，唯有如此才能适应科技和社会发展的需要。教师同样也如此。因此我们在设置课程的时候就要遵循综合性的原则，这也是教师教育课程设置的一个趋势。开设一些综合性的科目，开设跨学科和边缘性的交叉学科科目，消除各个学科之间明显的学科界限，以主题或者其他方式将有关学科的内容整合在一起，进行综合的教与学的活动，这样既可以节省课时还可以学到更多更广的知识。

4. 发展性原则

教师教育课程的设置要以发展的眼光看待教师的成长。无论是没有走上工作岗位的预备教师，还是在职的教师，都有一个自我发展、充实提高的过程，都有一个成长的过程。发展性的课程原则，必然要求我们认真研究教师的成长规律，进而分层次目标、分任务、有针对性地设置教师教育的课程。要改变以往传统的教师培养培训模式，真正从发展的角度设置课程，促进教师的成长。

5. 一体化原则

教师教育是一个由职前培养和职后培训组成的有机的整体，不能把其割裂开来看待。在设置课程内容的时候要注意对教师职前和职后教育进行全程规划，建立起教师教育各个阶段相互衔接又各有侧重的一体化课程体系。

（三）教师教育职前职后一体化课程体系建设模式

课程目标和课程内容只有付诸实践才能收到实际效果。教师的职前培养和职后培训的课程内容既相互沟通，又各有特点。教师职前培养属于教师教育体系内部的基础性教育，它追求全面提高学生的素质，主要是向学生传授科学文化知识，使学生具备初步的教育教学技能和教育能力。长时间的发展已经使职前培养形成了自己独特的模式，而教师的职后培训侧重于再造性、补缺性，属于更新型的教育，它一方面要帮助教师更新知识和技术，另一方面帮助教师矫正不恰当的教育观念、教育方法和教育技能，且帮助教师逐步提高自己的教育教学能力和解决实际问题的能力。这就要求职后培训也要有与自己的教育特点相适应的教育模式和课程实施模式。

1. 教师的一般培训模式

（1）校本培训模式。校本培训指的是源于学校发展的需要，由学校发起和规划的，旨在满足学校每个教师工作需要的校内培训活动。其目的是为了提升学校的发展水平。校本培训是从学校和教师的实际出发，通过培训解决学校和教师的具体实际难题，促进学校自身的发展，提高教师的教育教学和教育科研能力，提高教育教学质量。在内容方面有很强的针对性，根据教师的实际情况来安排培训的内容。但是在教师的任职学校进行校本培训有很多限制因素，缺乏有效的高水平的指导，理论性科学性程度不高，只是停留在经验层面，因此校本培训要与其他的培训方式结合起来，扬长避短，并进行合理的规划和安排，才能使教师职后培训的效果更加显著。

（2）院校培训模式。院校培训模式是指由师范学院、教育学院、综合性大学、非师范高等院校参加的对教师实施继续教育的一种培训方式，院校培训模式是目前我国教师继续教育的一种主要模式。这种培训模式可以充分利用高等院校的教育资源、学科优势以及前面我们提到的高等院校的潜课程资源，这些对于教师来说都是非常宝贵的，也是在校本培训中所不具备的。

（3）远程教育培训模式。远程教育的优势在于能充分利用现代信息技术，以生动形象的方式将大量信息展现在受教育者面前。在远程教育过程中，学习者能够突破时空的限制接受个别辅导，能够及时提供最新的、丰富的信息，使教育资源短缺与丰富的地区实现教育资源的共享。

教师教育职后培训的实施模式是多种多样的，我们在实施的过程中应该根据学校中教师的实际情况来决定采用什么样的培训模式，而且应该多种模式相结合，充分利用各个模式的优势来提高教育培训的效果。

2. 教师的职后培训模式

第一，以专题为中心的培训模式。以专题为中心的培训模式是围绕某一门课程内容来展开的，把理论学习、学术研讨、课堂实践、经验总结有机地结合起来，提高教师的综合能力。它的运行程序是专题性理论辅导—文献研究—研讨活动—课堂实践—撰写经验总结。

第二，以案例为中心的培训模式。以案例为中心的培训模式是以课堂实践为基点，采用观摩研讨的形式，力求解决教育课堂中所遇到的实际问题。它的运行程序是选择要观摩研讨的问题—观摩示范课—专题研讨—反思撰写经验总结—迁移延伸。

第三，以课题为中心的培训模式。以课题研究为中心，提高教师的教育理论素养，掌握教育科研方法，培养教师的教育科研能力和教学实践的创新能力。其运行程序为确定课题—理论学习—合作研究—交流研讨—指导实践。

第四，师徒制。这种培训方式是采用导师带徒弟的方法，进行的是个别辅导，主要是为了让青年教师不走弯路，加速成长。其运行程序为确定导师—导师根据徒弟的实际制订培训计划—考核验收。

第五，学术研讨模式。学术研讨模式是以教育教学改革中的热点问题为中心，引导教师关心教育改革中的热点问题，并运用自己学到的教育理论知识来解决实际中的问题。首先确定学术研讨的题目，然后进行学术的专题研讨。

第六，参与互动式。参与互动式强调的是培训教师与学员、学员与学员之间的多项交流与互动，使学员参与到教学当中，掌握知识，发展能力。其运行程序为确定重点和热点—教师与学员、学员与学员交流讨论—总结—形成新知识。

以上这些模式并不是固定不变的，我们在教师教育的培训当中应该根据培训机构以及教师的实际情况来决定。要采用灵活多变的方式进行，调动学员的积极性和主动性，提高教师教育培训的效果。

一体化课程设置更多的是一种思想，是课程设置的一条主线，强调的不是从始至终的课程设计流程，考虑更多的是职前教育与职后教育的融会贯通，使两者在平等的地位上进行更好的沟通和交流。

按照教师各个发展阶段的特点来设置课程，这本身就是一体化课程设置的主要特征。但是光这样是不够的，为了更好地实现一体化的课程设置，就需要加强职前培养与职后培训的沟通与交流，充分利用两者已有的资源，并在这个基础上充分利用双方所没有的互补资源。比如职前培养是在高等院校中，具有优秀的教师资源，因此在理论方面具有得天独厚的条件。另外，还有良好的学术氛围和在校大学生的那种朝气蓬勃的精神，这些都是职后培训所不具备的潜课程资源，因此把教师的职后培训放到这样的氛围中，可以充分利用职前培养的这种潜在课程资源来对在职教师进行潜意识的感染和熏陶，并且有机会与外校学生进行交流。这样的机会便由现在高等学院所成立的教育学院来给予。另外，预备教师虽然理论知识丰富，但由于缺乏与外界的交流，特别是与学校缺乏联系，因此在实践方面非常薄弱，这就需要密切与学校的联系，充分利用大学这个丰富的实践资源库，让在校学生更多地参与到实际的教学过程中去，使其具有初步的教学经验。只有两者之间更加密切地沟通交流，才能有更多的机会弥补两者之间的缝隙，这也是一体化课程设置的关键因素之一。

二、构建注重内涵发展的英语教师进修平台机构

就教师职前职后教育一体化的内涵而言，是通过机构的一体化来实现职前培养与在职培训这原本孤立的两部分，成为一个有机统合的整体。通过两部分有效沟通，建立联系，加强协调，从而使教师职前与职后受教育过程成为一个有机统合、连贯自然的整体。

（一）构建教师专业发展平台

1. 遵照教师专业标准，指引教师发展

在迈向教师专业化的道路上，需要专业的教师教育，而专业的教师教育需要教师的专业标准作为指引和准绳，从而保障教师教育能够培养出符合教师专业标准的教师。而如此循环往复，符合教师专业标准的教师，则又能进行专业的教师教育活动，这一循环过程就是——教师专业发展。

教师专业标准是教师开展教育教学工作的基本规范，是引领教师专业发展的基本准则，是教师培养、准入、培训、考核等工作的重要依据。教师专业标准主要以“师德为先、学生为本、能力为重、终身学习”为根本理念，教师进修机构在培训各高校教师时，应始终将“教师专业标准”的理念贯穿于整个培训。首先，机构自上而下的领导者、管理者以及培训者，都要履行职业道德规范，要以身作则，才能以自身的师德品行去影响广大高校教师，从而要求他们也遵守职业道德规范。其次，在制订培训方案和开展培训活动时，要将“实践”摆在首位，“实践出真知”，为教师创造出机会和平台，让他们能够把个人的学科知识、教育理论与教师实践相结合并不断研究，从而在这个过程中提升专业能力。这里所提的“教师专业能力”不是单纯性的、阶段性的，而是综合性、发展性的，是教书育人的实践能力，能够遵循其教学对象（学生）的成长规律，不断地提升教育教学专业化的水平。此外，培训的内容和思想要体现时代的特点，强化教师忧患意识，让教师主动适应经济社会和教育发展的学习要求，不断优化知识结构，不断对教学进行反思与总结，不断提高文化修养，做终身学习的典范。

2. 基于新课改，促进教师专业成长

新课改以“课程”为中心进行了如课程典范、课程理念、课程体制、课程文化等方面的重构，而教师则是解读新课程、实施新课程的关键人物。教师的业务素质和把握新知识、运用新知识的能力直接关系到新课改对于师生双方的影响，关系到素质教育的推进程度。这一切都离不开教师专业能力。近年来，以校本培训、教学反思、课题研究、校园文化建设等内容形成的“校本教研”制度受到了各高校的关注与重视。

校本教研是以研究学习课程教学改革中的现实问题为出发点，注重教师在实践中的学习与反思；它通过在学校内部和校际间教师合作开展建立起一种教学研究机制；它通过组织教育研究专业机构深入学习，与教师共同研究课程改革实际的问题，使学校不仅成为学生成长场所，同时也成为教师成就事业、不断学习和提高的学习型组织。建立校本教研制度就是课程改革发展的一个产物，是学校的常态性工作的一个重要内容。简言之，校本教研就是把学校的教育实践过程变成一种研究的过程，实现教育理论与教育实践的双向构建。而其中的不同侧面，如校本培训、教学反思、课题研究、校园文化建设等，就是围绕教师的专业发展，通过不同的方式促进教师专业提高，推动学校师资队伍建设，提升学校办学

质量。

尽管"校本教研"是在各学校中孕育而生，但我们应该看到，校本教研不是局限于某一学校范围内的。将教学实践变成教育研究，需要教师们集思广益、扩大视野，而校际之间的沟通与合作则能够为教师进行科研创作提供较大的平台。这就需要一个专门的机构（如教师进修院校）为其提供交流平台，组建科研团队。教师进修院校可以将有志于进行科研创作的教师们组织起来，通过征集这些教师的课题研究素材，组建专业的科研项目组，然后可以聘请师范高校中的学科专业专家，联合各高校的骨干教师、学科带头人等，对具体的科研项目提出建议和策略，引领教师们在各自的学科教学中实现专业成长，促进教学水平的提升和教学质量的优化。在开放化的教师教育体系中，教师进修院校作为承担职后教育的机构，唯有不断提升其驾驭基础教育课程改革科学研究的能力，以及为教师们进行科学研究和知识创作提供条件的能力，才使得高校教师的继续教育在实践层面上具备现实意义。

（二）专业的教育服务是重点

1. 促进教师进修机构的专业化

进入 21 世纪，在教师职前与职后教育一体化背景下，当我国大力推进基础教育课程改革和继续教育工程建设，以及构建终身教育体系的三大工程共同展开时，教师进修机构如果不转变其过去"专营"职后教育机构的角色和定位，那么它的发展将遭遇"瓶颈期"，这一点从近年来我国教师教育转型期，部分教师进修院校面临生存困境或职能被削弱就已得到了印证。从基础教育发展的走势看，从事教师职后教育的专门机构不仅有生存的根据，而且应该可以大有作为。就看该类机构能否在教师教育改革浪潮的推动下，把握机遇，锐意创新，从而获得重塑自身的进步。

无论职后教育面临怎样的政策革新，有一点是不会变的——促使教师专业成长。使教师职业更具专业化，不仅是我国教师教育改革的中心、教师教育研究的主题，也是教师个体接受职后教育的目标。而教师的专业成长、教师专业化进程将有赖于终身教育体系的强大支撑。充分发挥教师教育专门机构在终身教育体系中的特殊作用，为教师职后发展提供高质量、持续的、强有力的专业支持，是时代的要求。要想培训出专业化的教师，承担教师职后教育的进修机构也要与其同步甚至领先"专业化"。教师职后培训机构要想完成从"专门化"向"专业化"机构的转变，前提是必须强化使命意识，明确自身定位，能够做到"在坚守中变通，在变通中坚守"，即在坚守办学方向的同时，必须紧跟基础教育改革与发展的步伐，努力在"变通"中通过创新实现超越；在"变通"的过程中不耽误机构承办继续教育工作的本职任务，保证学校的本职工作依然能有效开展，顺利进行。

从"专门化"过渡到"专业化"，教师职后培训机构要具备以下要求：

（1）必须建立专业服务。建立社会、政府需要与教师自身发展需求相结合的纽带，保证政府公共教育政策的落实，同时促进培训对象自身的发展。这就要求培训机构对上级下达的教育公共政策的核心价值目标和政策实施中的难点问题要透彻理解和深度剖析，了解培训对象的发展现状与公共政策有效实施之间的差距。缩小这样的差距不可能一蹴而就，一步到位，必须依靠教师进修机构和地方教育行政部门在培训的设计与实施的长期过程中，努力探寻缩小这一差距的多种有效可行的方式，最大限度地实现教育公共政策目标与被培训者个体发展目标的统一。

（2）以学员需求为导向。应该改变传统培训体系下，由学员来被动适应培训机构承办一切活动的形式，而要以学员的实际需求为导向，尽可能多维度创造出符合学员受教育需求的综合培训体系。教师进修机构可以适当地把“权利”交给广大教师学员，在每一期培训开展前一个月的时间，发放问卷调查，以学员的实际需求为出发点，向学员询问培训主题、课程设置、培训形式、培训内容和最希望专家在哪一个方面给予理论引导等问题，然后根据问卷反馈的情况，进修机构做出总结，完善培训方案的设计，最终得以让培训在规定时间内按“需”开展，学员“学有所成”。从工作过程特点看，这些机构从事的不是某一阶段、单纯的工作，而是包含从政策分析、前期调研，一直到追踪、监控等多个环节的全流程专业活动，形成系统。

（3）教师进修机构要主动出击，寻求帮助，要着力邀请其他机构提供各方面的优质资源，这些外在条件将为进修机构的专业建设提供有力的支撑。除了教师专业队伍外，还要有专业的培训管理队伍。所以，地方教育行政部门和教师培训机构可以共同出资，拿出一部分经费，定期指派学校的管理人员奔赴外地（主要是一些在全国范围内工作绩效比较突出的培训机构）进行考察，并接受管理学和相关学科的进修，让他们在管理的理念和管理技巧的运用方面能够落实在工作中。

2. 基于服务型教育机构的市场需求定位

自教师进修机构成立，至20世纪90年代末构建继续教育、终身教育体系在我国正式确立以前，我国的各级教师进修机构重在对教师进行学历补偿教育、提高高校教师文化业务水平和帮助教育行政干部提升管理水平。从其功能来看，主要定位于服务职前教师群体，是作为对职前教育的一种辅助机构存在的。而各级教师进修院校在教师教育体系转型的大环境中，无非是面临着两种命运：一是相当数量的部分院校已被合并，在被合并之后的新机构中，它们的地位和职能有被边缘化的趋势；二是剩下的部分院校仍然独立设置。教育机构是一种非营利性事业机构，它不像商业机构那样做营利的活动，也不像政府机构那样从事监管活动，其价值在于它们所成就的一番事业。正是因为之前职后教育机构的服务对象是教师群体和教育行政干部，培训和进修是一个长期的过程，服务效果并非立竿见影。它们的产品是不断成长、不断需要借助各种形式进行自我更新和自我完善的教师们，久而久之才能成为一个焕然一新的人。正因为此，这一功能在教师教育机构“一体化”中因注重产出和绩效经营的“合并”往往被忽视或被边缘化。而无论该机构的命运将来何去何从，在我国，“职后教育”是不会消亡的，它只会继续存在下去，因为它与继续教育、终身教育是一脉相承的。但不管是被整合后成为新实体中的一个子元素的职后教育机构，还是独立设置，它们都需要从市场需求的角度来思考新定位。

随着我国教育事业的蒸蒸日上和继续教育工程的建设、终身教育体系的推广，在现代教师教育观念体系下，教师进修机构要想在拥有越来越多教育资源的主体参与的环境中，保持优势，发挥特长，稳定地生存下去，应该将视野定位于市场，服务于市场，我们甚至可以用"职后教育机构"来代表教师进修机构的未来定位。当前教育市场越来越开放。而教育机构如何在开放、灵活的市场中保持竞争优势是当下每一个教育机构管理当局最关切的问题。教师进修院校作为专门从事教师职后教育的机构，过去过多地注重于辅助、服务职前教师这一固定群体和对象，所以当各种教育机构参与到教师教育中来，职后教育机构甚至面临着"能不能生存"的困境。因此，职后教育机构需要根据外部环境以及内在实力，进行统筹规划，对于现有的资源、相关资源进行整合应用，才能在激烈竞争中保持领先优势，服务制胜战略无疑是其进行战略突破的关键之一。

教师进修机构是一个组织，其自身的使命和特征决定了其战略定位的不同。既然要定位于服务市场，那么在竞争战略规划中，最重要的就是把组织放进"环境"（市场）中进行分析和考虑。与一般的组织相比，教育机构有其独特的一面，它受到政府的保护，属于封闭型市场。而现如今面对日趋多元和动态的环境，教育服务也必须走向多元化趋势。这也就意味着教育的供给要从单一转向多元，才能适应多元化教育市场。在加强职前教育和职后培训这一固有功能的同时，必须开拓另一种服务空间，给除了在职教师和教育管理干部以外的、更多不同类型的受教育者（如学生家长、政府职员、社会各类与教育相关产业的专业人员）提供接受培训和进修的机会。从教育服务管理的角度而言，有许多群体环绕在教师职业之外，这些群体包括学生、家长、教职员、政府单位等，它们可以称之为教育的利益相关者。

从国家构建终身教育体系的长远角度出发，除了教师群体之外，国家、社会、企业和个人都是终身教育的实践者和主体，他们对教育起到支持的作用，人们对教育的需要永远是无限的，但有时我们的教育供给却是有限的。目前来说，职前教育的机构大多是师范院校和综合性大学，这些学校主要以培养将来从事教育事业的准师范生为主。所以，职后教育机构应该利用这样的机遇，去挖掘自身潜能、拓展服务空间和对象。当然，这就要求职后教育机构中必须拥有一支综合素质较高的师资培训队伍，才能应对前来接受培训的各种人才，这也是一种挑战。

（三）教师培训要以"师"为本

1. 了解与满足学员的培训需求

只有学员认可培训，感到培训是能帮助他们专业成长的，他们才会学得积极投入。一次高质高效的培训应该是培训参与者两方的"双赢"。我国的教师培训大都是"官方化"

的组织形式和培训内容，培训者完成了他们的任务，但培训成效较小，究其原因是培训没有基于参训者的需求。参与培训的教师少则几十人，多则上百人，而面对个体专业水平的层级化和个体需求的多样化，如果不做好充分的、全面的培训前期准备工作，那么教师在培训过程中的需求得不到满足，在教学实践过程中遇到的问题得不到及时诊断和解决，这就很大程度上影响了教师参与培训的动力和其学习的热情。在培训者和参训者之间搭建更易高效沟通的互动桥梁，对于掌握学员培训需求，提升培训质量有着直接促进作用。

为做好培训工作，建议各省、市或县师培中心由一位中心领导专门负责这一项目，并让多名同志在前期做大量的准备工作，充分利用网络平台发布“培训需求征集”，并将教师反馈的需求进行信息分类。鼓励学员利用公共邮箱、BBS、腾讯QQ群等网络工具积极参与个人培训需求信息交流，促使师培中心与学员长期保持横向交往与深度交流，使学员切实享受教师培训成果，并获得个人专业成长的持续满足与进步。

2. 尊重与体现学员的主体性

教师培训缺乏主体性是长期以来教师培训工作中存在的普遍问题。教师培训课程把教师放在被动的位置，很少让教师一起共同策划，更遑论由教师主动去承担和推动。不少教育改革只关注计划本身是否有效，忽略了教师本身对教学固有的信念和情感的培养。不少教师培训机构将培训重点放在了聘请的高校专家知名度、培训规模和培训宣传上，却忽略了培训的真正主体——教师。让高校各学科教师成为培训的参与者和规划者，在主动参与计划的过程中，教师投身教育科研的能力有所突破了，进行教育科研的热情激发了，更重要的是，他们会不断反思和总结经验，在长期的潜移默化中自觉实现了专业成长。教师信念和情感的养成对于教师个体专业化的提升有着长远的促进作用。此外，各学科教师对于执教过程中的问题比高校专家更清楚透彻，专家们擅长于从理论的角度去传达科学、前沿的教育理念，用理念去引领教学实践，但如何在具体教学实践中、在不同的教学情境中科学化、规范化操作教学行为，只有一线的教师们才能够身临其境去体会。给予他们充分的发言权，在交流过程中探讨和分享各自的问题和经验，让学科带头人和教师们借培训的平台，通过交流达成共识，相互借鉴和学习，让教师充分发挥主体能动性，才能真正实现以“师”为本。

3. 建立学院培训的个人档案

如果高校中的每一位教师，都能在学校拥有专属的个人档案，以月或者学期为周期，记录下教师在学科教学、专业成长、参与教育教学研究等方面的各种活动，那么每位教师都可以在一个阶段的教学后，通过翻阅个人教学档案，为自己总结一个阶段教学的“得”与“失”、反思和改进不足而提供依据。

对于教师培训机构而言，最好能为每位前来培训的学员建立个人培训档案，由机构负责总保管，但需要与教师所在学校合作。档案的具体内容由三大模块构成：第一部分由机构规划制作项目（包括学员每学期参与的培训主题、培训课程与时数、培训过程中教师教育者与自身互动的次数、个人认为本次培训的创新之处和不足之处、个人对所传授的理论与自身实践联系程度的判断、个人对本次培训组织管理活动的评分），第二部分交由学员自己设计，填入任何与教师培训相关的内容（包括对提高培训有效性的建议、个人的培训心得与体会、对培训模块最感兴趣和最不感兴趣的部分等），第三部分交由学员所在学校的学科组长去设计（包括某段时期该教师在学科教学方案上的改进、在教学课堂中灵活运用新理念和教育教学能力的提升、学科小组其他成员对该教师在学科教学能力方面的评价等）。

以上三大模块由三方完成，形成一个时期一位学员的培训记录，而这样的记录既保证了主办机构对学员学习情况的把握，又保证了学员所属学校对学员专业成长及时关注，同时更重要的是学员自身在这样的过程中被调动了积极性，被强化了自主学习的意识。而教师培训机构可以结合这一份专属的培训档案在年终评选出优秀学员进行奖励。对于学员所属学校来说，在学校年度考核或教师职称评定方面，甚至可将"教师培训成绩"这一项列入教师评价制度中，把教师个人培训档案的真实情况作为量化的指标之一，对教师个人综合素质做出客观的评价。

4. 构建区域教师学习中心

教师进修学校要把握教育改革的趋势，只有在把握趋势的前提下，学校的办学理念和工作目标才能贴近教师实际，才能做到真正面向教育市场服务教师群体。教育课程改革的全面推进，关键在教师。我国新一轮教育课程改革在课程功能、结构、内容、实施、评价和管理等方面，都较原来的课程有了创新和突破。这一创新和突破首先对教师提出了更高的要求，它要求教师改变习以为常的教学方式和教学行为，确立一种全新的教育观念。教师进修学校首先要对课程改革有全方位的深入解读，才能针对基础教育教师的培训有针对性、目标性，避免培训的盲目性和低效率；学校自身要形成自上而下的制度体系，从培训理念、模式的制定，到培训方案、课程的设置，到培训过程的监督和结果的评价等，最后还要做好整个培训的整理和记录等。新时代，国际教师专业发展与培训中出现了两个值得关注的趋势："教师成为反思性实践者"与"教师成为研究者"。进修学校应努力使教师的培训走向教学实践，走向教学田野。

此外，在各地教育行政部门统一领导下，教师进修院校要密切配合教研部门、电教部门做好大学信息技术教育课程、大学教师的新课程大纲培训工作，此类培训已被纳入大学教师继续教育工程。

5. 完善区域教师职后教育学习体系

大学教师职位教育是教师教育的重要组成部分，也是提高全体大学教师整体素质和促进教师专业化的有效途径，更是全面实施素质教育的关键。过去，我国教师进修机构主要承担的是学历教育、以专业学识为主的学科专门化教育，其实就是一种教师职后教育，而当我们进入到以知识运营为经济增长方式的知识经济时代，知识（尤其是科学技术方面知识）的积累、运用将成为推动各国经济发展的首要因素。所以，教师教育者储备的知识量（数量和质量）很大程度上决定了我国知识性人才的质量和水平。以教师的教育科学修养、教育改革与实验能力的培训为重点，使受训教师平等地享有教育资源是新时期我国教师培训应当具备的基本要求。

教师进修学校在机构整合或自身优化的基础上，应该意识到其角色的多样性和任务的艰巨性。于地区教师职后教育工作开展而言，它是提供学习、培训和服务的中心；于教师个人和教师队伍而言，它是教师成长、教研科研中心；于教师教育资源而言，它是信息资源集中共享、自主学习的中心；于我国再下一级教师教育培训机构而言，它又是培训管理和指导中心。对于我国继续教育每一阶段工作的目标、任务和重点工作，教师进修学校要明确，并积极主动采取具体有力的措施配合当地政府和教育行政部门。要解决职后教育中各地教师工作发展不平衡问题，通过职后教育，提高教师队伍整体素质，保证基础教育质量，同时也是教师实现终身教育的一个必要过程。以“小实体、多功能、大服务”教师学习与资源中心为目标，距这个目标还有一段距离，但正是这段距离的存在，为我国大学英语教师进修学校的发展提供了清晰的方向和前进的动力。

6.探索多样化的教师培训模式

（1）力求职后教育从粗放型向精细型转变。以往的职后教育模式较为单一，教师参与培训多表现为抽象理论的灌输给予，而教师在心理上表现为被外界强制接受。如果职后教育模式从单一走向多元、对教师培训者从灌输给予走向帮助理解、培训内容从抽象理论知识走向立足实践的问题解决、让教师心理从强制接受走向主动学习，那么我国的职后教育建设将转向一个新的层面——从粗放型向精细型转变。

教师职后教育是一个非常漫长的过程。由于各个教师专业成长速度不一、水平参差不齐，因而在对专业知识结构和掌握教学技能等诉求方面必定会呈现差异。教师职后教育与职前教育阶段所关注的专业知识与技能的积累不同，它从一个学习的环境转向知识与技能的应用以及创新环境。而各国在实践中逐渐发现，过去那种单一的职后培训是不可能满足不同层次教师的需求的，教师的差异需求得不到满足则会引起教师对在职培训从态度到行为上的不满，最终会影响他们接受在职培训的效果。因此，职后教育必须追求“多元化”，才能满足参与主体的多元诉求。地方教师进修院校在承担教师继续教育时，必须从教师内心实际诉求出发，要改变过去“大一统”的培训模式，对参与培训的教师群体情况有更精细的了解，才能使培训成果接近教师的培训期待。随着教师教育观念的深入人心，教师对自身的专业成长越发关注。教师对专业发展的态度、认识、需求是地方教师进修院校教育教学的重要依据。

（2）培训运行、组织、教学模式多样化。近年来，随着教师培训工作的不断加强，国家和地方不断推进教师培训模式改革与创新。培训主体走向多元，培训组织模式和教学模式日益灵活和多样。

例如，江苏省是全国有名的教育大省，其一直以先进的教育理念和富有成效的教育行动造就高质量的人才，人才输出走在全国教育的前沿。而江苏省在教师培训领域又一次率先创新，该省教育厅在省级师资培训中引入了招标机制，以提高培训质量。首批参与培训的项目吸引了众多国外培训机构参与竞标，由此我们看到了教师培训政策变化带来的教育管理市场化走向。这不仅是行动上的进步，更是一次培训理念上的突破。师资队伍质量的好坏，教师教学水平的高低，直接影响着当地人才具备的综合素养和区域社会经济的发展，所以，呼吁地方各企事业单位、社会力量和团体参与竞标，支持培训事业，既改变了以往培训事业由培训机构办学经营的单一化模式，又促进了培训事业与市场融为一体，在市场化趋势下提升培训的质量和效率。

除了培训参与主体多元尝试之外，教师培训的运行模式也由单一的行政推动走向以行政推动为主，兼顾机构推动和自主参与等多元模式并存。近几年来，各级各类高校和教师培训机构以及社会力量都主动参与并积极推动教师培训的开展。此外，培训组织模式除了集中培训以外，还广泛采用了校本培训、现代远程培训、卫星电视课程播放和巡回演讲等模式。在培训教学模式方面，随着教师培训的深入开展，培训教学模式突破了过去单一的讲授法，示范一模仿、问题探究、案例教学、现场诊断、参与分享、任务驱动、合作交流以及主题组合等多种方法并存。体验式、情景式、合作式、参与式教师培训以教师为中心，将充分挖掘教师的积极性和主动性，使教师培训质量不断提高。

（3）职后教育地方化、全程化。当前我国参与实施教师继续教育的机构是地方全日制高等（师范）院校（校内独立、继续教育学院）、地方教师进修机构。相比之下，高等（师范）院校的经院式学术建设更加循规蹈矩，而地方教师进修院校在理论建设和实践探索层面都更富弹性和自主灵活性。作为与教师发生互动较为频繁、在教师专业成长中扮演重要角色、帮助教师积累继续教育经验的地方教师进修院校，要起到活化教师的职业生涯、推动教师专业的发展、促进地区教育质量提升的作用。怎样建设地方（区域）特色教师培训制度是每一个地方教师进修机构可以自主思索的，它惠及的不仅有进修机构自身的锐意改革与创新发展，更有区域内教师群体的专业成长。在未来的师资培训中，把培训渗透到教师真实教学情境和过程中去，并使师资培训地方化、全程化和全员化是行之有效的指导思想。这一思想将改变我国传统的师范教育体系下各地的教师职后培训被禁锢于统一模式、教师培训只有"求同"并无"存异"的境况。

目前，我国尚未出台教师培训的课程标准，地方各级教育行政部门应联合当地高等师范院校、教师进修机构，以及教研室等众多教学机构，充分发挥地方自主权，从教学实践出发，制定区域性的特色培训课程标准，充分研发教师培训课程资源，促进培训课程建设。

要想教师获得良好的培训效果、提升培训质量，就该使职后教育全程化。全程化的职后教育要与教师进行对话—与教师所在学校进行沟通—与其他部门进行协商—对培训形成完整性评价。

第一，与教师进行对话。教师进修院校通过观察教师行为，与其进行实际问题的分析探讨，给出建议或示范，从而使其行为得到改善、技能得到提升、技巧得到锻炼、问题得到解决、思想得以升华。

第二，与学校进行沟通。来自同伴的评价更有助于教师改善自我的教学行为。每位教师所在学校理应成为教师专业发展的重要基地；而其学校的传统、长期形成的教师文化、教师课堂实践积累在教师专业成长过程中占有重要比例。

第三，与其他部门进行协商。地方教师进修院校支持区域教育的可持续发展，对地区教师群体发展进行规划，基于对“地区特色、教师个体、教师群体、学科建设、学校文化、发展需要”等方面的了解，主动与师范院校或其他单位进行联系，双方在“教育、教学、学科、课程、教材、学生”等多方面的协商沟通基础之上，再去设计培训课程，进行合作培养。

第四，培训评价完整化。把教师培训评价贯穿于培训过程的始终——训前评价（教师基本情况和需求）、训中评价（参训教师对培训内容的掌握情况和满意度）、训后评价（参训教师将培训内容运用到教育教学实践情况），并进行多方面、综合性评价。

良好的职前教育为教师的发展打下坚实的基础，而优质的职后（继续）教育可以为教师的可持续发展提供强有力的保障。地方教师进修院校有能力、有必要承担起教师继续教育的使命。在行使职责的过程中，必须以“教师教育一体化”为指导思想，以“地区教育发展”为基础，以“尊重理解促进”教师发展为目的，以“教师教学实践”为核心实施继续教育。

第二节 加强大学对英语教师专业发展的重视度

一、改革大学英语教师的聘任制度

虽然教师聘任制度在高校也经历了很长的一个发展阶段，并在不断地进行改革和调整，但是就总体情况而言，高校的教师聘任制仍处于一个探索阶段，因此，不可避免地会存在很多不足和不完善的地方。主要表现在遴选机制存在不足、淘汰与考核机制缺乏、聘任合同法律效力不强等方面，这也是高等学校人事制度改革亟待解决的主要问题。

对高校现行的教师聘任制度进行改革是必要的，因为它直接影响着教师专业发展的环境以及自主发展的前景。目前各个高校也在对教师聘任制进行不同程度的改革，这些改革举措大多是从某一所高校的情况出发而制定的，可能于该所高校而言，这个改革是成功的，可是推广到其他高校却未必能成功，因而我们更有必要从诸多改革中提炼出一些共有的因素，为整个高等教育界的教师聘任制度的发展与改革提出合理性建议。

（一）教师聘任制度的实施原则

所谓原则，即是基本要求，实施教师聘任制度也必须按照一定的要求进行，只有在遵循这些原则的基础之上才可能实现其所追求的目的。总体而言，要保证其目的的实现，可以在整个制度的实施过程中坚持如下基本原则：

1. 合法性原则

合法性原则是实施教师聘任制和进行教师聘任制度改革所应坚持的最基本原则。合法是指国家机关、社会组织和公民依据法律规定行使权利履行义务的活动，也就是遵守法律，符合法律，依法办事。高校教师聘任制的实施与发展都必须在法律许可的范围以内，严格按照相关的法律规章执行教师聘任制度，开展教师聘任制度的改革。我国高校教师聘任制度主要受到《中华人民共和国教育法》《中华人民共和国高等教育法》《中华人民共和国教师法》《中华人民共和国职业教育法》《中华人民共和国劳动法》等相关的法律的调节与制约。

2. 公开、公正遴选原则

公开与公正是实施教师聘任制要坚持的重要原则。高等学校在遴选教师的时候，必须将遴选信息通过在媒体上刊登或公告等方式，使多数人知道并了解应聘需要满足的条件、待遇以及招聘委员会成员、招聘程序等，并使符合规定条件及有意愿者都能获得参与公平竞争的机会。公开不仅包含招聘信息的公开，还应包含招聘过程的公开化，这也是对公正的保证。公开招聘过程既能使应聘者了解到遴选的过程，同时也是对招聘者即学校人事及相关工作者的有力监督，保证招聘工作的公正。

3. 专业、自主原则

应充分考虑高等学校教学、科研的特殊性，让学校能建立一套发挥自主精神、富有弹性的教师聘任机制。根据专业、自主原则，教育行政主管部门与高等学校的关系是协助、指导和监督，学校的事务应尽量由学校自行处理。长期以来，教育行政主管部门试图通过各种行政命令和规章制约高等学校，这些管理涉及高等学校的组织、人事和各种日常活动，甚至具体地指挥或干预学校的教学活动。这显然是不合时宜的，在新的形势下，教育行政部门应该转变观念，推行各种必要的改革，明确其对教育的"行政支援者"的地位。

而作为学校内部，同样也应该遵循专业与自主的原则，由于教师遴选、任用的目的是更好地从事教学、科研和社会服务工作，这些工作是以教师的专业知识与技能作为基础进行的，而且这些工作有其自身的特殊性，因此遴选与任用应该坚持专业为本、学术自由的准则。而这一准则的执行只能交由学术组织才能有效地遴选与任用优秀的教师，也只有这样才能在学术自由的基础上保证高校师资的质量。行政组织应为学术组织提供服务，协助他们组织遴选与任用活动等。

4. 公平竞争原则

为确保教师聘任制目标得以全面实现，就必须变“相马”为“赛马”，公开空缺职位和任职条件，采取考试、评议、考核等手段，让每个应聘者机会均等，同时参与竞争，以各项考核来证明自己的能力，并使用人单位了解自己。通过平等竞争，按照择优程序确定拟聘对象，进而签订聘任合同，真正实现人尽其才、才尽其用，从而建设一流的教师队伍，创造出一流的教育教学和科研成绩。

5. 择优录用原则

择优录用原则是落实高校教师聘任制必须遵循的基本原则之一。通过对应聘人员综合素质的考核，结合岗位的实际需要，应最终录用相对优秀的人员从教。为进一步健全和完善教师聘任制度，必须坚持为人师表、德才兼备的标准，建立和健全科学的考试、评议和考核制度，通过平等竞争，选择最为优秀的人员，形成“能者上、平者让、庸者下、劣者出”的优胜劣汰机制。

（二）完善教师聘任制度的配套措施

教师聘任制度只是高校管理制度的一个方面，只是高校人事制度的一个环节，因此要解决教师聘任制实施过程中出现的问题，要对教师聘任制度进行改良，其实是一个综合性的工程，除了要重点解决教师聘任制本身存在的问题，其他配套的措施也是不容忽视的。这主要包括完善激励机制、健全社会保障体系、落实落聘人员的安置工作等内容。

1. 完善教师聘任制的监管制度

在高校推行教师聘任制度，下放高校人事管理权限的同时，教育主管部门要逐步建立人事宏观管理和监督机制，依法保护高等学校和教师双方的合法权益，保证高校在国家法律法规规定的范围内行使用人自主权。教师聘任制推行多年，但从高等学校整体实施状况来看，并不是十分理想，缺乏有效的监管是一个很重要的原因。因此，必须完善高校教师聘任制的监管制度，教育主管部门要定期对高校教师聘任制的实施状况进行考察，并不断总结经验，加强高校之间的经验交流，推动高校教师聘任制度的进一步成熟。监管必须持之以恒，掌握合适的方法。很多情况下往往是由教育主管部门召集各高校人事部门负责人开会讨论，然后将会议论文结集出版，监管工作则以此告一段落。这种做法不仅没有收到正确的反馈，也没有促进高校间的交流，反而容易造成人力、物力和财力的浪费。教育主管部门应采取定期召开经验交流会与不定期调研考察相结合的方式，不仅要听取高校人事专管部门的意见，还应听取广大教师的意见，只有这样才能够得到真实的信息，以利于教师聘任制的完善与推广。

2. 构建高校教师激励机制

激励机制看似与教师聘任工作没有联系，因此很多人并没有意识到激励机制对实施教师聘任制度的推动作用。由于目前高校师资队伍从总体来看还是供求不平衡，高校依然缺乏师资尤其是高质量的教师从教，所以如何吸引优秀人才从教，如何留住优秀人才从教也是亟待解决的问题，只有保证了师资队伍稳定与发展，才有实施聘任制度的基础。另外，通过对教师精神和物质方面的激励，让他们能安心工作，爱岗敬业，积极奉献，能积极支持教师聘任制的开展。

激励主要包括两方面：一是物质的，主要体现在建立与用人制度相适应的分配制度。高校分配制度的改革应与"因事设岗"原则一致，体现"以岗定薪"的原则，根据不同的岗位职责、考核结果来确定个人的应得报酬。二是精神的，一方面高校应为教师制定明确的教学、科研奋斗目标，交予教师有发展前景的工作任务，激励教师工作的欲望与热情；另一方面，高校在教师任教的过程中为其提供培训和深造的机会，也能很好地调动教师的工作积极性。当然，通常采用的表彰先进也是精神激励的重要手段。

3. 建立有效的落聘人员安置机制

对落聘人员实施较好的安置，是有利于整个高校的稳定发展的。高等学校应该设置专门的有关落聘人员安置指导机构，为妥善安置未聘及流动人员提供信息和其他帮助。可以采取"先挖渠，后分流"的方法，即先采取内部转岗，内部消化的措施，例如，北大教师评审改革就将部分分流下来的落聘人员安置在了学校的行政岗位上。另外，还应鼓励落聘人员转变就业观念，走出校门，在社会范围内再次应聘，找到适合自身发展的新岗位。另外，民办教育的快速发展也急需很多有经验的教师投身到其发展中去。落聘人员除了继续把高校作为再次就业的选择，还可以去企业界发展，依靠自身的学科优势和专业背景，同样可以做得很优秀。这也说明落聘人员仍有广大的就业市场，并非落聘即失业。成立这样一个机构是十分必要的，但是要明确的一点是，这一机构的工作重心应在就业指导上，而不应该放在安置上，这也是值得高校注意的一个方面。

4. 健全有力的社会保障体系

社会保障通常是指政府利用法律和制度手段，聚集和动员社会力量，使公民在年老、疾病、失业以及遇到其他不测的情况下，能够从政府和社会获得经济援助及有关服务，以保证基本生活。

在高校建立符合教师职业特点的医疗、养老、失业等社会保障制度，是切实保障教师的合法权益的有效手段，也能够为流动到高校体系之外的人员提供较全面和有效的社会保障，消除了教师的后顾之忧，为高校教师聘任制度的推行提供有力的支持。目前高校的社会保险体系还不是特别完善，涉及面并不广，很多高校仅含有医疗保险这一保障措施，无法为落聘教师提供完善的保障系统，这难免为推行以任期制和淘汰制为核心的教师聘任制造成了阻碍，因此应该尽快健全高校内部的社会保障体系，这也是人才得以合理流动的必要基础。

高校教师聘任制度是在遵循高等教育的基本规律和教师工作的特殊性的基础上制定的，其目的就是为了进一步优化高校师资队伍，推动高校在教学、科研和社会服务上的稳步发展，它对高等教育的发展具有重要的意义。通过对教师聘任制度的种种分析，我们也清楚地认识到，完善的教师聘任制是高等学校实现学术自由与自治的一个重要手段。首先是在教师的遴选权上，保证了学术组织的绝对权力；其次是在教师的聘任上，将“职称”回归“学衔”，确立了高校学术应有的地位。同时，实施教师任期制与终身制相结合的措施，既有效确保了高校学术发展的质量，也为学术自由提供了多方面的保障。教师聘任制的实施与大学的理想——学术自由与自治是相辅相成而非矛盾的，因而，推动教师聘任制度的改革与发展，其本质上也是对学术自由与自治精神的发扬。但是由于教师聘任制度相对于高等教育发展的滞后，在多种因素的综合作用下，出现了许多的不足之处，需要在高等教育改革实践中不断地完善与优化。

二、完善大学英语教师的激励机制

激励是激发教师的工作动机，即用各种有效方法调动教师的积极性，使教师努力完成教学任务，实现教学目标。由于物质需要是人类的第一需要，也是人从事一切社会活动的基本动因，物质激励成为现有高校教师激励机制中最为普遍的方式，其主要表现形式有正激励——发放奖金、津贴、福利等；负激励——扣发奖金等。然而，这种激励机制已明显不适应改革新环境的要求，具体原因有：其一，大学英语教改不仅要求教师完成教学任务，实现教学目标，还要求他们充分发挥积极性、主动性与创造性，由“传授者”变为“促进者”，“管理者”变为“参与者”，“执行者”变为“开发者”。例如，应用现代化技术自制课件是教学改革的一大创新，也对英语教师提出新的要求。旧的激励机制下教师没有学习先进教学技能的动力，不愿意改变传统的教学观念和教学形式，甚至认为要利用网络和自制课件教学非常麻烦，把在教学活动中和学生共同创意、设计当作负担。其二，很多学校在实行物质激励时为了避免矛盾，采取平均主义原则，负激励则形同虚设。这种分配方法影响了教师的积极性，与大学英语教改培养教师创新精神的目的完全相悖。事实上，人不但有物质上的需要，更有精神上的需要。新的教改环境下，单用物质激励无法激发教师的积极性、主动性与创造性，不能使他们主动成为教学的研究者、创造者。

（一）建立适应教学改革的教师激励机制

激励机制是指在组织系统中，激励主体系统运用多种激励手段并使之规范化和相对固定化，与激励客体相互作用、相互制约的结构、方式、关系及演变规律的总和。新环境下教师激励机制的定位必须符合大学英语教改对教师提出的新要求。根据精神与物质同步激励理论：激励力量 $= \sum f$（物质激励 • 精神激励），即只有物质与精神都处于高值时才会产生最大的激励力量。可见，单纯的物质激励或是精神激励都不能取得理想的效果。只有将物质激励与精神激励有机结合，使两者达到最优化才是有效途径。具体可以从以下方面来操作：

1. 满足教师的合理需求

目前影响教师工作积极性、主动性、创造性的主要因素有：领导行为、个人发展、工作环境、工作性质、人际关系和报酬福利。在充分了解教师需求的基础上，要先分清哪些是合理的和不合理的，哪些是主要的和次要的，哪些是现在可以满足的和今后努力才能做到的，然后结合学校的发展，逐步有针对性地满足教师的合理需求。

（1）教师希望在他们信赖的领导手下工作。可信赖的领导能借助大学英语教改这一新机遇，倡导积极主动的英语学习氛围和校园文化；能以公正廉洁的形象参与教学管理，贯彻以人为本的管理思想；能经常与教师沟通，对教师的成绩尽量表扬。在这样的激励机制下，教师会在教学和科研中得到心理的满足和价值的体现。

（2）英语教改提出的新教学模式要求英语教师迅速改变观念及掌握现代教育技术。部分高校的青年教师希望能灵活安排工作时间和地点，以争取更多时间去提高自身的综合素质。针对这种情况，学校在建立激励机制时要创造条件，为教师培训、进修提供经济支持，保障科研基金；同时提供更多参观访问和出国交流的机会，使广大教师尽快了解新的教学思想，学习新的教学模式。须知再好的技术都不能取代教师的作用，只有发挥教师的主观能动性，改革才可以最终取得成功。

（3）教师希望有愉快、民主的工作环境。如便携、先进的教学设备，宽敞干净的就餐、活动空间，方便舒适的市内及校际班车等。学校在财力允许的情况下应尽力满足教师的需求，为教师进行教学和科研免除后顾之忧。新的教学模式要求教师在教学工作中自由展示才华，充分发挥潜能，因此，学校建立的激励机制要保障和谐、民主、积极向上的工作氛围，使不同的教师在最适合自身的岗位上尽情发挥其主动性、积极性与创造性。

（4）薪金待遇也是制约外语教学良性发展的重要因素。公平感是人类的一种基本需要，如果人们在与别人的比较中感到自己得到的报酬合理，就会获得公平感，就会对工作充满热情；反之，人们就会产生心理上的不平衡，降低对工作的积极性。高校教师激励机制应确立向教学和科研第一线教师倾斜的原则，设计出一套与教师的贡献、业绩与津贴对等的薪酬制度，使教师的创新劳动得到有效激励，使教师的积极性能够持续发挥。

2. 满足教师的个体需求差异

不同人会有不同的个体需求差异。高校教师作为一个高素质的特殊群体，更需要尊重其专业地位与个性。在年龄上，20～30岁的教师自主意识比较强，对工作条件等各方面要求比较高，31～45岁的教师由于家庭等因素则比较安于现状，相对比较稳定；在文化上，较高学历的人会更注重自我价值的实现，学历较低的人首要注重的是自身的完善和学历的提高；在职务上，管理人员和一般教师需求也大不一样。因此，激励机制不应千篇一律，应根据个体差异采用多途径、多方法。适应新环境的教师激励机制应当是体现专业地位的个性激励机制，它承认教师的价值并为其构建一个向社会证实自身价值、追求生活意义和成功的平台，使他们拥有能够稳定获得所需信息并进行知识更新的渠道。这样才能形成更大、更有力的激励作用。

3. 以正激励为主，负激励为辅

（1）尊重激励——尊重激励是一种基本激励方式，它有助于创建和谐的教学氛围，有助于学校团队精神和凝聚力的形成。如果管理者不重视教师的感受和个体差异，将会打击教师的积极性，使他们的工作仅仅是为了获取报酬，懒惰和不负责任的情况便随之发生。须知尊重是加速教师自信力爆发的催化剂。

（2）工作激励——工作本身具有激励力量。如果工作富有内在意义和挑战性就会给教师一种自我实现感。新的激励机制要有成功的工作设计，使工作内容丰富化、扩大化，使工作环境民主、温馨。可以创立教师与岗位双向选择制，教师可选择自己感兴趣的专业方向，管理者也可根据教师特长，将其放在最适合的位置上。

（3）参与激励——积极为教师提供展示的平台、参与的机会，既能激励教师，又能促进学校的发展。通过参与，教师会形成对学校的归属感、认同感，进而满足自尊和自我实现的需要。对于积极参与管理、竞赛、创新的教师，不论成果如何，都要视其精神和态度对其付出的努力进行物质奖励。这对调动教师积极性是非常奏效的。

（4）提升激励——发展性教师评价制度是提升激励的重要方法之一，其主张充分把握教师的心理需求，建立具有竞争性的人员流动机制，优化教师队伍的整体结构，提高教师队伍的整体素质。我们可以建立“能上能下”的动态管理制度，对表现好、素质高的教师，学校给予充分的肯定，尽量根据其能力创造提升的机会，包括待遇、职位的提升，反之，对不能适应大学英语教改要求的教师给予一定的处分和惩罚，从而刺激他们加大学习的力度。

（5）荣誉激励——荣誉是众人或组织对个体或群体的崇高评价，是满足人们自尊需要，激发人们奋力进取的重要方法。人人都有自我肯定、争取荣誉的需要。对于工作表现突出、具有代表性的先进教师给予必要的荣誉是很好的精神激励法。荣誉激励成本低廉，但效果好。

（6）培训和发展机会激励——当今世界信息化、数字化、网络化格局扑面而来，随着知识更新速度的不断加快和大学英语教学改革的不断深入，英语教师知识老化、知识结构不合理的现象日益突出。虽然在实践中能够不断丰富和积累知识，但采取证书考试、学习深造、培训交流等激励措施将更为及时和有效。不但给教师充实知识、培养能力提供了机会，还满足了他们自我实现的需要。

激励并不全是鼓励，它也包括许多负激励措施，如淘汰激励、降职激励。降职激励是一种惩罚性控制手段。按照激励中的强化理论，激励可采用处罚方式，即利用带有强制性、威胁性的控制技术，如批评、降级、降薪、淘汰等来创造一种令人不快或带有压力的条件，以否定某些不符合要求的行为。负激励手段是正激励手段的有力补充和鲜明对比，但不能用之过度，否则对教师的积极性是一种挫伤。

激励的方式多种多样，实践中应根据本校的背景和特色，综合运用不同种类的激励方式，将物质激励与精神激励有机结合，使两者达到最优化，并形成相应的固定制度，以收到最大的激励效力。

（二）教师激励机制实施中应注意的问题

第一，遵循科学、公平的激励原则。制定激励制度时要体现科学性。学校必须系统收集和分析有关的信息，全面了解教师的需求及工作质量，根据环境变化来制定相应的激励政策。激励制度还应体现公平的原则，能营造公平的竞争环境，形成合理的奖惩措施。

第二，符合人的心理活动规律。激励机制能否发挥作用并达到预期目的，关键在于其机理能否符合人的心理活动规律。管理心理学认为激励的实质是持续激发动机，动机是内部状态与外部条件交互影响产生需要的结果。由此可见，激励过程是一个由需要激发动机再由行动达成目标的循环过程。高校英语教师积极参与大学英语教改的重大前提就是可以满足自身的生存和发展需要。只有当学校文化真正融入每个教师人生价值观时，学校的目标才能和教师的需要统一起来。为此，高校应顺应大学英语教改的要求，遵循教师的心理活动规律，用新的校园文化来管理，为教师充分发挥积极性、主动性、创造性提供动力。

第三，能够正确引导教师的需要。教师激励机制最理想的成果是通过对教师需要的引导，调动教师最大限度地参与大学英语教改。总而言之，教师激励机制应该向大学英语教师做出示范，表明教改对大学英语教学的新要求，起到引导教师思想和行为的作用。

激励机制是一个永远开放的系统，它随时代、环境的变化而不断变化，不同时期应有不同的激励机制。在新一轮大学英语教改中，教师的竞争意识不断加强，自我发展、终身学习的需求明显提高。因此必须综合运用多种激励手段，建立起具有学校特色、时代特点和满足教师需求的开放的激励体系，给教师提供能充分发挥积极性、主动性和创造性的广阔空间。

三、构建大学英语教师的职称评审制度

高校教师职称制度的改革必须吸收世界各国职称制度的优点，借鉴我国历史上职称制度的有益经验，并结合时代特征，创建出具有中国特色的、适应市场经济体制的高校教师职称制度。

（一）评审方法、技术方面

1. 统一评审的标准

高校教师职称是高校教师学术水平的重要标志，也是一个国家科学技术发展水平的重要标志。因此，同一职称在一个时期只能有一个评定标准，才具有一定的可比性。而要做到这一点，唯一的办法就是由国家研究制定各级各类职称评定标准，并以法规甚至法律的形式颁布执行。

可以根据不同类型学校及不同岗位教师工作的性质和特点，对高校教师分层次、分类型进行管理。从学校层次来看，可分为研究型大学、教学科研型大学、一般本科大学、高职院校；从教师类型来看，可分为以教学为主的教师和教学科研并重的教师。可以按不同层次学校的不同类型的教授、副教授、讲师及助教分别制定标准，进行分类管理。

职称评审标准应以教学为主，兼顾科研，扭转片面重视科研的倾向。在德国，教授每周必须授课 6 ～ 8 小时。因此，在教师职称评审条件中，不仅应把教学环节看成是一个必要条件，而且应看成是首要条件，因为教师评审的是教授、副教授，而不是研究员、副研究员。至于“科研型教师”，可以转到研究系列，评定研究系列职称。

2. 实行动态评审方式

职称评审工作要实现经常化、动态化。我国可以成立负责职称评审的全国性专门组织或社会化的评审机构，把职称评审作为一项日常工作来开展，建立健全各项评审制度，并配备专职人员负责此项工作。现行的职称制度下，专业技术人员都把能早日评上高级职称作为自己的奋斗目标。而一旦目标实现，进取心就会受到影响。因此，要提高专业技术人员的水平，推动教育教学整体质量的提高，就应废除职务终身制，实行动态评审制度，聘任期满，重新评审，重新聘任。

3. 运用考评结合策略

实行资格考试制度是职称改革的一条重要途径，也是与国际接轨的重要方式。通过考试来考查专业技术人员的知识、技能，有利于促进专业技术人员不断紧跟学科前沿动态，更新知识和观念，刻苦钻研业务，靠真才实学取得社会公认的专业技术资格。资格考试制度还能有效地打破论资排辈的传统观念，减少人为因素对职称工作的干扰。

因此，高校教师也可以借鉴专业技术资格考试制度，通过考试取得初、中级专业技术职务的任职资格，实现以考代评。考试合格者，可获得国家统一颁发的任职资格证书，作为聘任专业技术职务的条件之一。而高级专业技术职务则可通过在考试基础上再进行评审的办法来进行。

4. 建立全国联网的教师电子档案

建议建立全国联网的教师电子档案，内容包括教师简历和身份证、学历学位证书、教师资格证、普通话证、计算机证等各种必要证书的扫描文档，以及承担教学科研任务、发表论文论著等信息。这样，在进行教师职称评审时，只须从系统里面调出必要的材料即可，既增加了评审的透明度，又降低了评审成本，还有利于教师自由流动。

5. 建立复核与仲裁制度

现行的职称评定完全由评委决定，但评审时随意性很大，通过的和未通过的都不解释原因。评委会的评审情况高度保密，评审通过人员名单随即下发。因此，在对职称评审结果不满时可以要求复核、仲裁和上诉的制度，可满足人们对评审不公而提出复核的要求，并应建立相应的仲裁制度。评审结果出来以后，一定要预留一段复议和诉讼时间。如果申报者中有人认为自己未能通过评审是因为评审中存在不公正因素，可在规定的时间内提出申诉。对于申诉理由充足、证据确凿的，应组织复议，并对复议结果做出相应处理后通知本人。如对复议结果有质疑，还可提起行政诉讼。此外，还应建立问责制，对不负责任的评审人员进行责任追究。

（二）评审过程方面

专业技术资格评审应按照个人申报、由政府授权的社会中介组织评审、单位聘任的程序进行。

第一，个人自由申报。个人自由申报就是上级部门不再给各高校下达评审指标，即评审无指标限制，也无须单位推荐，只要符合学历、资历等基本的任职条件就可以随时向评审机构提出申请。

第二，社会独立评审。社会独立评审是指由社会专门的评审机构或考试机构，按一定的任职条件和规定程序，对申请者的现实表现、工作能力、学术水平等因素进行综合的客观评价，它所授予的资格只代表学术技术水平和能力，不与职务、工资待遇挂钩。建议设立常设的评审机构或考试机构，合理界定评审组织的职责权限并配备专职的工作人员。关于评委的选择，建议建立专家备选库，每次参加评审的评委必须在开评前几天随机抽取，按学科门类特点和要求建立评审组织，实行真正的同行专家评审；可以实行异地评审；同一评委不得连续三次入选等。

第三，实行公开评审。评审过程可以借鉴体育竞赛、歌手大赛等活动中公开打分的方法，使职称评审的每一步都公开化、透明化，即评审的条件公开、申报人信息公开、评委成员公开，评审时间、地点、程序公开，甚至评委对每位申报人的打分也公开。只有这样，才能将整个评定工作随时置于广大群众的监督之下，杜绝幕后交易和暗箱操作。让评上的人和未评上的人都能心服口服，明确自己的努力方向。建议职称评审借鉴法院审理案件的形式，设立旁听席，群众可以自由旁听。也可以把评委打分作为职称评审内容的一部分，然后和教学分、科研分等一并计入总分，最后按分值高低决定是否晋升。

（三）职称改革方面

1. 科学设置岗位

岗位是每个专业技术人员职务和职责的具体体现。没有明确的岗位设置，就难以制定明确的岗位职责和任职条件，难以对专业技术人员履职情况进行考核，难以实现择优竞争、择优聘任。因此，科学设岗是实施评聘分开的前提，是职称改革的核心内容。

专业技术岗位的设置要本着精简、优化、高效的原则，根据高校发展的规模、承担的教学科研任务、学科建设、教学科研水平等来进行。我们可以借鉴日本按讲座或学科设置岗位的经验，按照教研室任务和学科教学任务设置教师岗位。

例如，北京大学和中科院的职称改革都建立在科学设岗的基础上，北京大学根据工作需要设立不同的专业岗位，再在原职称框架的现有人员中择优上岗，岗优则津贴高，没有竞争上岗的则没有岗位津贴。中国科学院的改革要求各单位根据凝练的科技目标和工作需要，全面合理地设置各类专业技术岗位和其他岗位，在单位内公开招聘，竞争上岗。

2. 单位自主聘任

单位自主聘任是指用人单位根据本单位的岗位设置和工作需要从具备任职资格的人员中择优聘任，可全省或全国甚至全世界公开聘任。受聘上岗的专业技术人员与单位签订协议，使专业技术职务管理契约化、合同化。这样，可以使双方在明确的行为准则约束下共同履行聘约，可以激励教师把主要精力放到教学、科研和学科建设上。当受聘人员聘约期满时，其职务自动免除。如果希望再次受聘，则还需要与其他应聘人员一起公平竞争。在聘任方面，中山大学的改革可以借鉴，教师职务聘任将成为中大日常行政事务的一部分。教师职务的聘任分为“有固定期限聘任”和“无固定期限聘任”两种。助教职务为有固定期限聘任职务，首次聘期最长三年，续聘期为一至三年，最多可续聘一次；讲师职务为有固定期限聘任职务，首次聘期三年，续聘期三年，最多可续聘两次；副教授一般为有固定期限聘任职务，每个聘期三年，可以连续聘任；教授职务则为无固定期限聘任职务（长期聘任职务）。

3. 强化聘后管理

专业技术人员的年度考核要把日常考核和阶段性考核相结合，并以日常考核为基础。考核要以平时教学检查和教学督导的结果、被评对象的教案、完成教学计划和科研情况等作为重要依据，对教师全面履职情况进行定量分析，由学校教学指导委员会统一打分，确定考核等级，合格者继续聘任，不合格者低聘或解聘，优秀者高聘或给予奖励。我们可以借鉴美国对不同的岗位实行不同聘期的制度，对职称较低的教师一年一聘，也可像英国那样对低职称教师实行“试用期”制度。

在这方面，辽宁工业大学的聘后考核可供借鉴，早在 1998 年，他们就进行了这样的尝试：根据各级职称的岗位情况，对在学年度考核中被评为 B 等及以上等级的教师，择优聘任与其任职资格相应的职称。凡学年度考核连续三次被评为A等，至少有三篇学术论文在省级刊物发表（或一篇在国家级刊物上发表），教研、教改成果经校学术委员会论证，具有重大应用价值并被评为一等奖，即可在原有基础上高聘一级，其余各级依此类推；凡学年度考核为C等的教师在原职称基础上低聘一级，高职低聘教师的待遇等同低聘职称相应的待遇，低聘教师参加原职称考核，若考核结果为B等及以上，自动恢复原职称；凡学年度考核为D等或连续两次被评为C等的教师实行下岗培训，经考核合格者可重新上岗工作。下岗培训教师只发给其档案工资。下岗教师全天坐班，具体要求同见习教师一样。培训期满（一般为一学期），由有关科室会同指导教师共同组成考核小组，对下岗教师进行考核，考核合格者可重新上岗，并自动恢复原职称；对考核后仍不合格者或再次下岗者，调离教学岗位。

综上所述，只有营造一个良好的教学工作环境，形成一个良好的循环系统，教师专业发展才能持续有力地进行。

第三节　完善英语教师专业发展中的评价体系

一、教师档案袋评价体系

教师档案袋评价对教师个人专业素质发展有重要的意义，它是在没有奖惩的条件下，仅以促进教师未来专业发展为目的的发展性评价机制。

（一）教师档案袋评价的现实意义

1. 强调反思评价的诊断和改进

教师档案袋能让教师看到自己教学和学习的过程，根据教师自身的反思评论呈现教师教学实践背后的思考。换言之，教师档案袋的建立能够让教师更加批判性地思考自己的教学过程，在过程中发现问题并及时解决问题，这也使教学理论和实践有机地结合起来。教师的教学活动、教学反思、学习状况、教学能力等信息都全面地反映在教师档案袋当中，以此教师可以有效地对自己的教学进行诊断，并为今后的教学设定清晰的目标，以此促进其自主成长，增强其自我反思能力。高质量的评价机制是保障教师专业发展质量的最佳途径，脱离奖惩性，旨在通过促进教师专业发展来提高学生成绩的评价既符合课程改革的理念，又能最终实现教师专业化发展的目的。

2. 调动教师参与评价的积极性

传统的教师评价机制注重结果，评价主体也过于单一，这种评价的结果是否公正，直接影响教师的工作积极性。而档案袋评价可以让教师根据评价要求，改变思想观念，自觉制订自身专业发展计划，及时反思自身专业发展过程，最终实现专业发展的目的。作为档案袋的创建者，教师注重专业发展的自觉性和主动性被充分调动起来。教师在创建档案袋的同时，可以清晰地看到自己的不足也可以发现他人的长处，激励教师不断努力，加强和同事间的合作交流，实现整体教师队伍的专业发展。

3. 鼓励教师的个性化发展

在档案袋内容的选择上，教师可以自主选择能充分证明自己成长过程的资料，这种选择上的灵活性能更好地发挥教师的积极性，也能更好地体现教师成长的差异性和独创性。在材料收集的过程中，教师会不断明确自己的潜能，并就自己的努力方向进行进一步梳理和定位，形成自己独特的教学风格，充分体现教师个性化发展。

（二）教师档案袋评价的优势分析

目前，针对教师的评价主要集中在学生评价（教师板书情况及多媒体使用情况、讲课条理性、语言表达能力、教师组织课堂教学情况、突出其专业性、按要求布置和批改作业、辅导答疑、学生接受程度、教师迟到缺课情况、教师仪表教学态度），任课教师教学自检表（学生到课率，与教学进度是否同步，布置作业及批改情况，是否坚持考勤、有无迟到早退缺课现象，教案、教材、课程标准、教学进度、学生考勤是否齐全，教学进度超前或滞后两学时及以上，是何原因。在教学中采取了哪些教学方法和手段，有何成效，今后在教学中如何进一步改进），听课表（备课与教案、教学目的及教学内容突出职业性、教学语言及教态仪态、教学组织与教学环节、教学方法与手段、板书与直观教学），评教综合统计表（学生评教得分、教研室评教得分、院部评教得分、综合得分）。这些评价都集中在期中教学检查时一次性完成，年终考核主要针对教师个人科研完成情况做统计，选出一到两名教师评为优秀教师。这种评价模式本身是致力于教师对自己教学过程的反思总结及对今后如何提高教学质量的思考，但在具体操作过程中因为缺乏监管力度，所有的评价都以形式主义存在，最终还是由上级领导做出最终评价。这仍然属于传统意义上的奖惩性评价，对于教师自主发展没有起到较好的促进作用。

档案袋评价作为一种促进教师专业性发展的评价方式，强调教师在评价中的主体地位。它通过教师对自己教学过程的记录，帮助教师不断进行自我反思，经过反思的内容又进一步记录到档案袋中。在这个过程中教师对自己的教学方法与手段再次进行调整，对教学过程进行自我总结和自我评价，从而有效提升自身的教学能力，改进教学质量。

对于教师个人而言，教师档案袋能激励教师：①检查自己的教学过程；②为自己的教学负责；③在教学中发现差距；④决定能够支持自己教学的相关策略；⑤支持探究的方法；⑥为今后的教学设定目标；⑦在一段时间看到变化和发展。换言之，教师档案袋为教师的教学提供最直接的情境，档案袋评价在专业发展过程中能够帮助教师自我反思，主动学习，选择最佳的、最符合实际教学情况的教学策略，同时也能让教师看到自己在一段时间内取得的进步，以此更好地规划自己的努力方向。与此同时，档案袋评价能够有利于同事之间的相互借鉴和学习，培养其团队意识和资源共享理念，也为其他评价提供依据。

（三）教师档案袋评价的内容设置

教师档案袋的内容设置上应该与学校师资队伍建设的重点工作相结合，由教师自主选择能够证明自己能力的资料，客观反映教师在某一时期某一领域的成长变化。根据学校发展策略及教师培养计划，可以从以下方面来设计英语专业教师档案袋应涵盖的基本内容：

第一，个人基本情况，包括：姓名、年龄、政治面貌、学历、专业、职称、教龄、学习工作简历；相关学历学位证书、计算机等级证书、教师资格证、培训进修证书、职业资格证等。

第二，教学能力的资料，包括：学生的作业（学生在学习过程中出现的问题，教师的批注情况），教师的教学录像（教师在学校、省区市讲课比赛从初赛到决赛的视频资料），教师的工作记录（学生管理、班级会议、班级活动）。

第三，教学活动，包括：教学计划，课程教案，教学日志（教师具体的教学过程，教学过程中出现的问题，课后对该堂课进行全面反思的结果，包括对教学情境、教学设计、教学方法、实际效果的反思，对典型案例的分析，成功课的感受），听评课记录（客观全面的课程整体性评价），教研活动（公开课、专题讨论、讲座），教学总结。

第四，科研成果，包括正式发表的学术论文、参与课题研究材料、研究立项及相关成果，参加学术会议、成果交流等。

第五，下企业锻炼成果，包括：对具体工作的描述，下企业锻炼接收单位负责人意见，个人工作计划、工作总结、下企业锻炼对今后教学的启发和思考。

第六，个人发展情况，包括：继续教育，专业学习的记录和成绩，个人发展规划。

第七，工作成绩，包括：第一部分包括因工作出色所获得的各种荣誉证书。第二部分是学校领导、同事、学生及教师自己的评价记录（自我评价、个人年终总结、学生评教表、同行评价表、座谈会记录、年终考核表等）。

教师档案袋就是教师对其自身教育活动过程以及相关成果记录收集的产物。在自主选择证明自己成绩和价值信息的过程中能更好地发挥教师主动性、积极性，更好地促进教师自身的持续发展。

（四）教师档案袋评价的促进作用

第一，有利于培养教师积极实践反思。首先，教师档案袋本身的构建过程就是教师对自身教学活动的自我反思、不断改进过程。教师能够在此过程中发现真实的自我，确定清晰的发展方向。换言之，教师是档案袋内容的创建者，同时也是对自己档案袋内容进行分析、诊断和评定的参与者，这增强了教师的主动性。其次，教师档案袋的构建鼓励教师间的合作。教师通过同事间的交流、检视，对自己有正确的评价从而获得发展的动力。

第二，有利于培养教师的自主专业发展意识。教师在档案袋资料的收集过程中，会不自觉地总结经验，对自己进行评估。档案袋中的发展计划是否顺利实施，预期目标是否完成，经诊断的缺点和不足是否改进，这一系列的观察分析会在教师档案袋建立的过程中不断循环，长此以往，问题在不断循环中得以解决和改善，教师的自主专业发展意识和专业水平也得以促进和提高。

第三，有利于学校对教学质量进行监控。档案袋材料的多样性全面展示了该教师成长过程和自身特点，学校可以及时准确地掌握每位教师的实际教学情况。因此，在阶段性评价时，不是局限于只关注结果而忽略过程的评价，这样不但能调动教师工作的积极性，也能让教学质量监管工作切实有效。

二、教师“双师”素质评价体系

（一）教师“双师”素质评价的现实作用

教学评价是教学活动的一个重要组成部分，是以教学目标为依据，运用有效的评价手段和相关技术对教学活动的实施过程和结果进行全面的测定、分析、比较、判断的能动性过程。对全面贯彻落实我国的教育方针，深化教育体制改革，提高教育教学质量，激发公共英语“双师”教师教育教学的积极性，具有非常重要的意义。

第一，建立公共英语教师“双师”素质评价体系是经济社会发展的客观要求。经济社会发展需要大批高技能型、应用型专业人才。我国正处于经济形态转型期，经济形态的转型，在很大程度上是由劳动力文化知识的丰富、操作技能的熟练以及科学创新能力的提高来推动的。教育必然成为伴随劳动力终身成长的事业。公共英语教师“双师”素质评价体系的构建与完善，能够适应经济社会的发展。

第二，建立公共英语教师“双师”素质评价体系是我国高等英语教学发展的客观要求。我国已经逐渐与世界接轨，各行各业都需要英语水平较高的人才，而要培养这样的人才，必须建立一支稳定的高素质的“双师型”师资队伍。

第三，建立公共英语教师“双师”素质评价体系是大学生成长成才的客观要求。如上所述，我国已经逐渐与世界经济接轨，经济全球一体化需要大批英语水平高、专业技能强的劳动者，为了适应日益变化发展的世界，建立公共英语教师“双师”素质评价体系是大学生成长成才的客观要求。

第四，建立公共英语教师“双师”素质评价体系是高等院校公共英语教师素质提高的内在要求。

近年来，我国高等教育迅速发展，与此同时高校公共英语教师“双师”素质培养工作却举步维艰，究其原因，主要在于缺乏高校公共英语教师“双师”素质评价体系。建立公共英语教师“双师”素质评价体系，能够激励公共英语教师自觉提高“双师”素质。

（二）公共英语“双师”素质评价体系构建

英语教师“双师”素质评价体系的构建，对于推动高等英语教育的发展，深化教育体制改革，提升大学生的综合素质是十分必要的。

1. 公共英语教师“双师”素质评价体系的构建指标

（1）师德考核评价。大学公共英语“双师”素质：教师应具有良好的政治思想素质、职业道德素质。爱岗敬业、热爱本职工作、热爱学生、教书育人、诲人不倦、治学严谨、事业心强、遵纪守法、职业素养高等，学校应该将这些素质细分量化为多个指标，对达标者进行定性考核，并组织考核小组，认真评价并写出考核评语；对不达标者，视为师德不合格，实行师德考核一票否决制。

（2）教育教学能力考核评价体系。教育教学能力考核评价体系是对公共英语教师“双师”素质的基本工作要求。体系包括：具有现代教育教学理念，熟练掌握高等教育规律。理论教育教学目标明确，教学内容容量适度，详略得当，深广度适宜，针对性、应用性、先进性强，教学方法与手段运用恰当，重点、难点处理得当，教学效果好。还包括备课与上课、作业批改、组织课外指导、课外活动指导、学生基本技能的熟练程度、成绩合格率、毕业时达到的专业能力与口语表达能力、教学改革与创新、现代化教学手段等工作。

（3）实践技能实习指导能力考核评价体系。实践技能实习指导能力考核评价体系是对“双师”素质的特定要求。教师应具有雄厚的专业理论知识，掌握一定的相关专业理论、专业教育教学理论知识；专业生产实践能力强，口语规范，熟练程度高；指导学生实践和操作能力强。

（4）学科科研能力考核评价体系。①课程开发：能够根据专业岗位需要的知识、技能和培养模式整合课程体系和教学内容，能够了解行业职业生产结构、增长方式并且融入教学过程，能够根据市场调查与分析调整教学目标、课程内容。②教科研成果：有近三年省级以上刊物公开发表的论文五篇或省级以上教学研究成果（本人为主持人或主要参与者）。

（5）创新创业能力考核评价体系。①创新能力：具有接受新信息、新知识、新观念的能力，具有分析新情况、新现象和解决新问题的能力，能够指导学生开展创造性的活动，具有技术革新的能力；②创业指导能力：能够将创业意识、理念、经验融入教学活动，指导学生创业活动，并取得一定的成效。

2. 公共英语教师“双师”素质评价体系的构建保障

（1）制度保障：制定科学合理的考核考评办法和考核制度，努力做到规范化、制度化。按照制定的公共英语教师“双师”素质考评体系，结合日常工作考评，对被考核教师实行年度考核，考核结果作为教师绩效工资、福利待遇、职称晋升、职务晋级、外出学习交流、聘任等的依据。

（2）激励保障：建立合理的用人机制，鼓励高校公共英语教师成为“双师”素质人才，打破职称终身制，建立“能上能下，高职低薪，低职高薪”的用人制度，实行评聘分离，按需设岗；在分配制度上，实行绩效工资制；在培训、出国考察上，“双师”素质教师优先；在福利上，向“双师”素质教师倾斜。

（3）组织保障：学院领导、人事部门、教务处、督导处、系部与专业带头人分别组成院系两级考评组，根据公共英语教师“双师”素质评价体系分别进行考核，用人单位、学生家长、学生组成考核组，参与评价体系的考核。院、系、学生三个考核组的考核结果分别占 30%、30%、40%，然后进行综合评价。

三、发展性英语教师评价系统

发展性教师评价系统改变了过去那种传统的教师评价系统，开始了从以目标为中心、决策为中心向以人为中心的教师评价系统转变。即在教师评价上，强调将完整的有血有肉有情有个性的教师看作自己的评价对象，并努力通过评价促使其个性充分发展。在评价中，从教师发展的内在需要和实际状况出发，评价他们各自的发展进程，并努力通过评价促使他们向更高的目标前进。在评价中注重对教师人格的尊重、能力的信任和发展的关心。整个评价活动是在友爱、相互信任与相互尊重的良好的人际氛围中进行的。

（一）发展性教师评价系统的本质分析

发展性教师评价是以教师的主体性发展为目的的评价，是评价者和评价对象彼此建立互相信任关系，师生积极参与、双向互动的教师评价。在这种评价中，教师能及时纠正自己工作中的缺点，发扬自身的优点，促进自身不断发展。它可使教师通过内心的体验，调整自己的工作方向和目标，高效地开展通向成功的教育教学活动。

（二）发展性教师评价系统的基本特征

发展性教师评价的特征主要有：学校领导注重教师的未来发展；强调评价的真实性和准确性；注重教师的个人价值、伦理价值和专业价值；发挥全体教师的积极性；提高全体师生的参与意识；扩大交流渠道；制订评价者和教师认可的评价计划；注重长期的目标；评价等级以 A、B、C、D 四个等级呈现，不以“优秀、良好、及格、不及格”或“优、良、中、差”等评价教师教学质量。

（三）发展性教师评价系统遵循的原则

发展性教师评价系统的原则基于人们对发展性教师评价规律的认识，是对发展性教师评价活动的基本要求。发展性教师评价系统有自己独特的原则：

第一，无奖惩原则。发展性教师评价系统将着眼点放在教师的未来发展方面，而不是像传统的教师评价系统那样把目标放在通过评价分出高低胜负，以此为标准进行续解聘、升降级、加减薪等奖惩性工作。发展性教师评价系统的根本目的已不再是为了奖惩教师，而是为了促进教师和学校未来的发展。

第二，全面原则。发展性教师评价系统的全面原则是全员评价、全程评价和全面评价。全员评价是指受评对象是全体教师，而不是对少数优秀教师或少数不称职教师，总而言之，包括领导在内的全体任课教师都要接受评价。全程评价是指用动态的、发展的眼光，对教师工作的全过程的各个环节进行系统的、长期的、反复的评价。全面评价是指对教师的素质、职责和绩效，在全面掌握信息的基础上进行全方位的评价。

第三，评价结果保密原则。发展性教师评价系统的成功与否取决于教师积极参与的态度，因此确保对教师评价材料的保密是争取教师积极参与评价过程的关键。教师评价的材料应视为教师个人的保密文件，评价结果只与受评人本人见面，严格限制无关人员接触这些材料。

第四，双向性原则。发展性教师评价系统非常重视领导与教师、教师与教师、教师与学生间的沟通，鼓励全体师生员工积极参与教师评价工作，要求评价过程务必是一种双向过程。另外，发展性教师评价系统最终要达到教师个体与学校整体、少数教师与全体教师、现实状况与未来发展的双向发展目标。

（四）发展性教师评价系统常见的问题

发展性教师评价系统的全面性原则要求全员参与，即评价的主体既有教师本人，也有学生，还有校领导和校督导室专家以及系负责人和系督导组教师等，在对英语教师的教学质量进行评价时可能会在以下方面出现问题。

1. 自我评价方面

由于绝大部分英语教师的英语教学任务繁重，平时把大量时间和精力用在了编写教案和备课笔记、制作多媒体课件以及对学生作业的批改上，对英语教学质量的评价往往表现得麻木。加之，有的教师认为评价结果不与续解聘、升降级、加减薪等奖惩挂钩，不重视评价活动，对自己的评价也很随意。还有的英语教师对自己教学中存在的问题认识不足，自我感觉良好，这部分英语教师通常把自己的教学质量评价结果定得偏高，使得这一项的评价结果不太准确客观。

2. 教师互评方面

因为英语教师的日常教学任务繁重，每一名英语教师不可能有时间把其他英语教师的课都听一遍。而且，每位英语教师可能从事英语听力、口语、阅读、写作、翻译、商务英语、专业英语、经贸英语，以及英语四、六级强化训练等课程中两门或两门以上的课程教学，仅仅听一次课是不能完全对该英语教师的教学理念、教学方法、教学手段和教学效果等做出准确判断的。因此，在教师互评工作中，大都是凭借日常交往中对对方的印象来给其他英语教师定等级的，这样评定的结果就不能较好地反映英语教师的教学质量。

3. 学生评教方面

（1）部分指标学生难以理解掌握。制定指标系统时，往往忽略学生是否真正清楚指标的内在含义。如学生经常把评价英语教师与评价英语课程相混淆。

（2）学生评教的组织过程不严密。现在大多数院校采取网上评教，由于在评教前对教学质量评价的目的、指标、过程、结果运用等整个过程没有进行广泛深入的宣传和发动，学生不理解指标的内涵，不知道如何把握评价的尺度，不知道评价结果有何用处。缺少对学生的系统培训，造成学生评教结果的可信度不高。

（3）在具体操作过程中，学校通常给定时间段让学生自由上网点击，这样虽然给学生自由选择的空间，但会造成因缺乏教师的组织和指导，学生随意点，甚至找别人代评，使评教没有充分表达学生的意愿。

4. 校督导专家评价方面

（1）由于专家人数少，他们的工作是对整个学校教师的教学质量和教学效果进行督导和指导。他们不可能听遍所有英语教师的课，因此不能对全部英语教师的教学进行指导，也不能对全部英语教师的教学效果和教学质量下一个客观的结论。

（2）校领导和专家督导组成员里很少有英语教师，在听英语教师授课时难免有些限制。例如，对英语教师的语音语调、上课内容、教学效果、采取的教学方法等都不能做出较为贴切的评价。

（五）发展性教师评价系统的保障措施

1. 明确教师教学质量评价工作意义

对英语教师进行评价的目的不仅可以鉴别教师工作质量，而且能够准确、科学、及时地对每位英语教师的教学质量进行价值判断，客观公正地检测教师的实绩，为改进教学工作、加强师资队伍建设提供可靠的信息和资料。从人力资源开发的角度出发，英语教师属于知识型员工，其对英语教学的投入程度、控制能力及产出质量决定着英语教学的水平和质量。因此，英语教师评价工作是一项非常严谨和科学的工作，它是对每个教师各阶段辛勤劳动的总结。

2. 发挥“校督导专家评价”的优势

校督导专家教授是一所高校最为宝贵的财富。他们不仅学有专长、教学经验丰富，而且德高望重，他们是评判课堂教学的权威。“校督导专家评价”的最大优点是能够深入地进行评价。

3. 加大"院系督导组评价"的力度

外语学院或外语系督导组成员是由各教研室负责人及具有多年英语教学经验的老教师组成，受评英语教师在讲授内容上是否突出重点、难点；对教材的处理是否有独到之处；在教学过程中是否把本质的内容讲清讲透；是否运用最佳教学方法等，督导组成员一目了然。同时，由于本系督导组教师只对本系教师进行督导，因此，就有更多的时间和精力对英语教师的教学情况进行督导和评价。鉴于此，该部分的评价采用二级评价指标，分值适当加大。

4. 建立科学的教师教学质量评价指标系统

科学的、客观的评价指标系统是搞好英语课堂教学评价的核心问题。制定英语教学评价系统应坚持三个原则：第一，科学性与可行性相结合的原则。科学性体现为能够反映英语教学的本质，可行性则指的是在反映英语教学本质的基础上简易可行，因此在制定英语课堂教学评价指标系统时，必须将二者紧密结合起来。第二，定性与定量相结合的原则。指标系统应尽可能合理地量化，在量的比较中找到差距，在科学地制定指标系统的基础上，对反映英语课堂教学质量的不同指标赋予不同的权重。第三，基本性指标与提高性指标相结合的原则。基本性指标就是保证英语课堂教学基本质量的指标；提高性指标是指英语教学方面的重大更新，教学内容系统的改革与优化，具有突破性的英语教学方法改革并取得良好效果等指标。

在评价英语教师教学质量过程中，应用发展性教师评价系统可以最大限度地满足英语教师渴望获得必要信息的需要。在实现了个体目标与学校目标统一的前提下，促进了英语教学管理者和英语教师的融合，减少了学校的内耗，有利于实现教师利益和学校利益最大化的融合。发展性教师评价系统在评价英语教师教学质量中的应用，可以极大地促进英语教师心态与学校氛围的相互适应，形成健康的英语教学气氛，使英语教师心情舒畅、真心实意、富有成效地为实现学校发展目标而做出努力。

第四节　"互联网 +"模式下英语教师专业发展策略

"互联网 +"时代最主要的优点就是多媒体教学的应用，以数字形式展现教学内容。当前英语教学很多情况下还是采取传统的教学形式，即以教师传授为主，但其难以满足教师的专业发展需求。联系"互联网 +"时代英语教学中存在的优点，探索促进教师专业发展的有效途径，从而提高目前的高等教育水平，并且培养出具有高素质、适应当前创新创业背景的优秀人才，具有十分重要的意义。

随着国际化迅速发展，英语的使用更加频繁，高校英语的培养目标是学生的英语实际应用能力。就目前的趋势来说，这种能力是学生职业能力发展的必备素质之一，而且目前高校也以此为目标，不断进行改革，使学生具备双语的能力，因此对于英语教师的要求将更高。教师除了具备基本的语言素质之外，还需要掌握信息技术、教育科研能力等，真正成为“双师型”教师。而只有教师不断努力，提升自己，追求更高的专业发展，才能实现双赢。

教师的发展主要是在教学态度、专业和实践三方面，那么联系“互联网 +”提供的平台，英语教师应该不断提高自身发展的能力。而教师自身的发展需要教师个体和周围环境相互配合，其发展也具有长期性和实践性等特点。在这个过程中，英语教师需要抱着开放、合作和共赢的态度，不断去学习、反思，为自己争取更多的权利和发展空间。

一、加强“双师型”教师队伍建设

纵观人类的历史发展过程可以发现，无论是怎样的社会，何种类型的教育方式，教师的参与都是成功的关键所在，教师的参与具有决定性作用。因此，当前教育改革的大背景下，英语教师的发展形势已经无法满足现实，需要积极转变形势，特别是提高自身专业素质，增强自身的教学能力。

目前是一个高度信息化的时代，伴随着电脑、手机等多媒体终端设备的普及和应用，作为教师，特别是英语教师，应该注重在学习中加以整合，利用闲暇时间来进行针对性学习。

“不仅注重自己专业相关的英语知识摄取，而且要利用非课堂等教学场所的补充作用，加大学习积累的力度。”[①] 并将课堂内和课堂外结合起来，增加自己跨专业的背景知识，促进英语教师的自我不断成长和实现自我价值，尽快地向“双师型”英语教师转变。其中，英语教师要随时了解用人单位更侧重哪些能力，主动积极参加各类行业的资格考试，提高自身的专业能力和认知能力。

二、营造良好的教师发展环境

处于“互联网 +”的时代，学校作为管理者、组织者、倡导者和评价者，要更加提倡资源的共享利用。院校应在体制机制、时间、物质条件等方面为英语教师提供支持，特别是要健全考评机制、重视教师工作与专业知识的结合。积极为高校英语教师创造一个更加开放的平台，供其学习共享。通过为英语教师提供和谐友好的工作环境，为他们的专业发展提供更高、更广阔的平台。英语教师则可以根据平台优势，高效利用教育资讯，提高自身的专业能力，通过学校设立机制，增强认识，增加培训，进行科研攻关。将高校英语教学的先进知识灌输到课堂，使学生爱学习，将其培养成德智体美全面发展的人。特别是鼓励英语教师们到行业里挂职锻炼，了解社会中对高校学生的需求。并且注意选派教师出国深造或者引进外籍兼职教师，建立一支业务水平高、工作能力强的英语教师队伍。

① 王建红：《“ 互联网 +”模式下高职英语教师专业发展研究》，《管理观察》2019 年第 22 期，第 154 页。

三、利用“互联网 +”确立终身学习意识

对英语教师而言，在平时的教学中先要认清自身，才能调动学生的学习积极性。“互联网 +”时代，已经改变了传统的学习方式，建立起一种崭新的教学观念和模式。同时，这种变革也引起了社会各界的关注。教育是人类进步的阶梯，教师要确立终身学习的意识，将学到的新知识、新方法运用到高等英语教学中，增强自身的发展动力，感染学生们，让学生通过更直观的方式理解知识，掌握方法。“互联网 +”的手段，对教学质量和成绩起到了重要作用。作为英语教师，要努力突破传统观念带来的束缚，要对自身的角色进行合理的定位，不断创新，积极运用“互联网 +”带来的现代信息技术，不断学习，为高等教育贡献一己之力。

第六章　“互联网+”背景下英语教师专业发展实践

第一节　教育信息化背景下的英语教师专业发展

随着互联网技术的发展以及多媒体设备的更新换代，如何在信息资源不断更新换代的背景下促进高校英语教师专业的发展，是新时代高校英语教育关注的重点问题。教育信息化背景下的英语教师专业发展策略具体如下：

一、教师专业发展与个人职业发展规划统一

新的教育理念以及新的时代，对教育工作者提出了更高的要求。为了提升专业素养，实现教师在大学教育中的引导作用，提高教学质量，促进教师与学校之间更好地配合，应从实际出发，制订个人的短中长期的发展规划，将规划与学校的教学目标以及学生的成长需求相结合，明确目标实施的措施和方法，分阶段进行成果检验。

二、教师核心能力与创造性思维能力共同发展

“教学能力是高校教师的最基本的能力，在教育体系内占据基础的作用。”① 教师的教学能力引导学生自主学习和自主发展，主要由教学设计、组织、预测、援助和评价能力五个要素所组成。教师一方面要有调动不同教学资源的能力，另一方面教师也要培养出具有情商高、智商高以及逆商高的大学生。教师应当站在导师的角色，来培养学生的各项能力。教师应当以成长的角度来看待学生在大学期间的学习和历练过程，帮助学生在大学期间完成学习并且发现个人的价值和兴趣，为学生人生后期的规划进行正确指导。

高校英语教学不能墨守成规，应当发散思维，进行创造性的课程结构设计。这种能力是一种高层次的实践能力，并不是凭空的想象，需要坚实的专业素养，对不同范围和层次知识的综合运用，将不同学科的信息结合应用。例如，如何创造性地理解和处理教材的引入；如何创造性地利用大数据进行个性化教学方案的制订；如何利用创造性思维培养学生发现问题的能力；如何用创造性思维改变教学的模式；如何利用大数据时代的数字资源进行与传统教学课堂的优势互补。

① 李伟：《教育信息化背景下高校英语教师专业发展研究》，《大众标准化》2020 年第 23 期，第 73 页。

在信息共享的技术发展时代，为了提高课堂质量，如何利用好数据资源是教师应当努力考虑的教学方向。可对多平台的教学资源进行整合，引入优秀的教学资源。一方面减轻自身的工作量；另一方面让学生享受到更高的教学质量。教师在这一过程中更多地去关注学生个性化的发展，为学生制订出符合自身学习程度的方案；充分认识到教学创新的重要性，从理念、方法以及技术等多方面探索出符合现代化大学生课堂的教学方法与特点。

三、信息技术与英语教育教学进行深度融合

信息技术与教育教学活动的深入融合已经在各个阶段各个领域的学校广泛推广，尤其在疫情期间，教育信息化手段为教育教学的顺利开展带来了非常明显的优势，为学校、教师、家长以及学生都解决了上课难的问题。可以说信息技术的广泛应用，是人类社会划时代的变革。在疫情期间，学校使用了腾讯课堂、腾讯会议、腾讯 QQ 屏幕分享、雨课堂等众多的混合式教学工具，也开展了翻转课堂等先进的学习形式。

教师可以将大学英语教学活动大致分为三个模块进行，分别是课前预习、课中串讲、课后答疑。首先，课程预习环节教师可以提前上传好本节的课程讲义，让学生们自主下载和浏览，提前熟悉本节知识，进行有效的预习，对于不懂的知识点可以进行记录。其次，是课中串讲，教师只起到引导的作用。对于课程中的难点和重点要加以串讲和深化，对于学生在预习环节存在的疑惑加以解答。并且要积极鼓励学生，进行课中讨论，活跃课堂气氛，调动学生积极性。最后，课后答疑，在这一环节中，教师督促学生完成相应的课后作业，学生可以将作业中的难题发送给教师，教师需要及时地解答。通过这样的三个环节可以极大地提高教学的质量和效果。

网络化教学方式的普及为学生和教师带来了非常大的便捷，可以有效地节约时间、提高效率，让授课和听课变成了一件相对容易的事情。网络教育资源的多种优势是传统教学方法所不能企及的。网络学习可以不受时间、地点的限制。学生可以学到除自己教师以外其他更多优秀教师的课程资源，完善自己的课程体系，查漏补缺，让学生对英语课程知识理解得更加透彻、深入、全面。

大学教师是全面推进素质教育的主力军，也是引导学生提高核心素养的领导者。大学外语教师更是应该顺应信息化时代的趋势，在提升自己专业文化水平的基础上，明确专业特色和学科属性，不断提升自己的教育教学水平。还要注重教师德行的修养提升，为学生做好榜样，肩负起立德树人的重任，符合新时代背景下对教师的发展需求，不断促进教师的专业化发展建设，服务学生，服务学校，实现作为一名大学教师的人生价值。

第二节 新媒体时代下英语教师专业发展的对策

互联网是一个大的概念，新媒体是在互联网思维的基础上催生出来的媒体形式。而新媒体又有别于以往旧形式的媒体，如微博、微信公众号等，新媒体大多可以成为自媒体，是去中心化的，可以说不需要发布机构，自身就可以成为一个内容的制造和发布者，并且发布者是分散的，而不是集中的。新媒体时代下英语教师专业化发展的对策具体如下：

一、利用新媒体技术提供新的学习方式

新媒体技术的不断发展，不仅可以为教师提供新的学习方式，而且还能够提高教师的专业知识水平，提升教师自身的素质。首先，教师可以通过新媒体获得更多、更广泛的资源来提高自身的专业知识水平和技能；其次，英语教学离不开听说读写四个方面，教师可以通过碎片化的时间在网上听一些有名的电视台或者广播，来练习自身的听力能力，在网上多看、多听，不仅可以提高教师的听力，更有助于提高教师的写作能力，教师有不懂不会的地方，可以线上提问，解决问题，有助于教师提高自主学习的能力；最后，教师通过互联网与其他英语爱好者交流，或者与英语较好的人进行交流，提升英语水平，促进人际交往。

二、构建新媒体教师专业化学习共同体

新媒体是一种新型的网络技术与数字技术相结合的媒介，它不仅能够提高知识理论水平，还能够提高教学技能，使教师进入一个开放性的学习环境。所以，学习的环境对教师很重要，所有的教师能够形成一个学习的共同体，这就构成了一个平台，一个非常有意义的平台，这个平台能够使所有爱学习的人聚集起来有效地学习。例如，教师可以创办属于自己的学习交流群等，通过微信或者腾讯QQ的方式，来与学者共同探讨学习，这样不仅有助于提升教师的自主学习能力，更有助于促进教师的专业化发展。

总而言之，新媒体时代为英语教师的专业化发展提供了机遇，所以，大学英语教师应该在新媒体的背景下，利用新媒体技术来构建新媒体的教师专业化学习共同体，从而提升教师的专业素养以及理论知识水平，促进教师的专业化发展。

第三节 人工智能时代英语教师专业发展的策略

随着政策指引、人工智能技术在教育领域的应用，越来越多的智能教育平台、智能

教育机器人开始介入教育领域，这类人机互动的教学模式对院校传统教学模式带来冲击，逐渐代替教师的大量工作。在英语教学领域，人工智能的教学平台、机器翻译、语音指导、语言识别、教学评价等技术日趋成熟，给高校英语教师的工作和教学能力带来发展机遇与巨大挑战，为专业发展提供了新的思路和途径。人工智能背景下英语教师发展策略具体如下：

一、认识人工智能时代教育理念，重新定位教师角色

当代大学生伴随着信息技术高速发展成长起来，网上交友、聊天、娱乐、信息检索是他们喜欢的日常生活习惯，课堂教学不再是他们获取知识的唯一渠道，采取传统方式进行授课已逐渐不受当代学生的欢迎，并促使教师采取措施应对。广大英语教师面对传统教学的不足，逐步从"被动适应"了解信息技术到慢慢地"主动参与"掌握智慧教育技术，随着慕课（MOOC）、翻转课堂、在线教学、线上线下混合式教学等多种智慧教学模式涌现，教学理念已悄然发生改变。

英语教师在逐步适应人工智能教育技术的教学过程中面临教学理念、教学方式、教学技术、教学组织、教学评价、人与平台配合等很多新的境况，只有顺应时代潮流，创新教育理念，潜心了解人工智能教育的发展趋势、增加专业知识和教学能力的广度与深度，与广大同行协作，借助人机配合构建适合的教学模式等为学生创设良好的教学资源和学习环境，才能正确利用人工智能教育技术开展教学；同时，高职英语教师须提升课程设计能力，把人文素养、价值观、职业素养等融入高职英语课堂，教学理念由"以教师为中心"转变到"以学生为中心"，由促进学生"接受学习"转变为"主动建构"。教师角色定位由原来的教学主导者逐步转变为学生学习的规划者、支持者、指导者，打造基于人工智能教育技术的多元学习共同体。

二、掌握人工智能技术的应用技能，提升信息化素养

"人工智能技术在教育领域有众多的优势和价值，但真正发挥作用的前提是教师接受、使用、掌握好人工智能技术。"[①] 从其内在专业发展能力提升的需求，到外在环境趋势都要求英语教师学会使用智能化教育技术。高校英语教师要想熟练驾驭人工智能技术，可通过以下方面入手来提高自身信息化教学能力和素养，促进自身专业发展的提升。

第一，高职英语教师应学会掌握使用智能化设备，运用人工智能技术、多媒体技术、虚拟现实技术等，会同其他专家、同行一起开发数字化网络教学资源、创设丰富多元的教学活动。

第二，搭建人工智能教育学习环境，向学生推送教学资源，指导学生掌握人工智能学

① 崔媛、周德锋：《人工智能时代高职英语教师专业发展机遇、挑战及策略探讨》，《办公自动化》2022 年第 27 卷第 4 期，第 39 页。

习工具开展学习，并通过人工智能教育平台记录，探究他们在人工智能环境下学习能力、思维能力的情况等。

第三，利用人工智能技术情境化、网络化、智能化的教学环境，人机配合开展智慧教学，运用教学技能规划、引导学生将线上碎片化学习的知识点连贯构建。

第四，运用人工智能教育平台反馈的学生学习评价数据，进行教学总结、反思教学模式和教学方法，深化教学改革、促进人工智能技术与高校教育深度融合。

三、合理开辟新的话语通道，掌握英语教学的新形态

人工智能为英语教学带来大量的共享资源，学生在手机上安装一个单词听写、阅读类的软件就能完成基本的英语基础练习，这让习惯于传统教学模式的教师无所适从。人工智能教育带来教师高效率工作、学生灵活性学习情境等优势，但再发达也替代不了教师在学生知识构建迁移、创新创造力提升、人格情感塑造、道德品德培养等方面的独特优势。英语教师只有认清教育技术发展形势和方向，更新教学理念，从以下方面提高自身教学管理和实施本领，才能开辟新的话语通道，把握话语权。

第一，构建学生线上学习，教师线下督促、管理和陪伴三位一体的人工智能教育新模式。将传统课堂教学传授知识的观念转变为重点培养学生自主学习能力，充当学生学习过程的领航员、学习情境的创设者、学习的评估者、发展的交流者、学习资源的开发者和专业成长的自主学习者。

第二，英语教师在教学过程、师生交流等环节要发挥教师的言传身教、语言组织、情感优势，在口语、听力纠错等言语上碾压人工智能，超越人工智能对学生进行道德培养、情感传递，实现师生间“零距离”互动。

第三，学生在智能平台上学习，存在知识点零散、被动接受、机械记忆等问题，高职英语教师在线下教学过程中要引导学生深层次学习，充分发挥对知识深层加工、建构、迁移、创新的作用。

第四，合理利用平台反馈的数据，进行教学诊断与改进，及时发现教学过程中的问题、数据中隐现的个别学生情感问题等，做到有的放矢。

综上所述，高等教育广泛应用人工智能技术进行智能转型是教育发展大势所趋，英语教师必须正视人工智能教育技术给教学带来的各种机遇和挑战，紧跟时代步伐掌握教育信息技术，更新教学理念，充分利川教育信息技术创新教学方法和教学模式，不断调整和反思教师的发展之路，才能更好地胜任教师的角色和教学工作。

第四节　网络环境背景下英语教师专业发展实践

一、网络环境背景下英语教师专业发展模式

网络信息技术的发展改变了信息资源的所有关系以及信息资源的社会分布，使得信息资源的"多源性、易得性和可选性"成为可能，而这种变化又深刻地改变着人们之间的教育关系。下面以"虚拟学习社区"为例，探讨网络环境背景下英语教师专业发展的模式。

网络信息技术的发展为虚拟学习社区（简称 VLC）的发展提供了物质技术支持，而虚拟学习社区的发展又为人们的情感交流提供了可能性，为网络学习提供了广阔的前景，满足了大学英语教师终身发展的需求。

（一）虚拟学习社区的发展条件

虚拟社区最初来源于 BBS，虚拟社区的产生源于以下条件：

第一，信息技术的进步为其形成提供了物质技术支持。随着信息技术的飞速发展，越来越多的人使用聊天室、论坛、博客等媒介进行互动活动，在网络上结交朋友，探讨问题，共同学习，网络虚拟社区初步形成。

第二，虚拟社区为人们的情感交流提供了可能。人只有在与他人的交往与交流中，才能找到归属感，增强自己的身份认同、文化认同、民族认同等。网络本身的特点为人们提供了很好的交流互动平台，在虚拟社区中，每个人在网络上的交往都是以文字为载体的非直接交往，是虚拟的。这种交流与互动超越了时空，为人们进行情感交流提供了可能，一种新的基于虚拟学习社区的情感交流方式应运而生。

第三，虚拟社区适应了网络信息时代人们的发展欲望和终身学习的需求。网络信息时代，知识本身的更新速度可谓是日新月异，为了适应这种飞速发展的新技术和社会的新需求，人们必须不断地更新旧知识，学习新知识，交流共享新知识，分析鉴别新知识，才能跟上时代发展的步伐，网络信息时代使终身学习成为时代所需，时代所必然。人们不仅可以从网上搜寻信息，还可以在网上进行学习、相互交流思想和体悟，催生了学习社区的形成与发展。

第四，虚拟社区为网络学习和远程教育开拓了广阔的前景。虚拟社区的产生得益于网络数字化学习与虚拟社区的结合，它的产生有助于解决传统课堂教学中学生互动机会的不足，又满足了学生情感交流的需要。传统的学习方式与网络环境下的学习明显不同，网络环境下的学习方式实质是一种个性化的学习方式，学习者可以根据自己的学习需求以及自己的认知特点，独立地通过网络进行学习，包括对学习课件或资料的学习。在学习过程中

可以向同伴和教师寻求帮助，探讨问题，交流学习体会和感悟，实现资源共享和情感交流，消除了个性化学习带来的弊端，从而有利于提高学习质量。

（二）虚拟学习社区的本质含义

虚拟学习社区与一般的在线社区不同的是，虚拟学习社区把学习作为主要目的，强调学习结果、集体交换思想和学习过程。虚拟学习社区和兴趣社区的具体差异见表 6-1。

表 6-1 学习社区和兴趣社区的差异

	学习社区	兴趣社区
目的	解决问题、提升专业实践水平、提升组织或项目的效益、创造或拓展知识	了解情况、分享思想和信息、结识志同道合的人
成员	对某个话题有共同兴趣或热情的人；自愿或者接受邀请成为社区成员；可能是自主决定，也可能是接受邀请。 成员数量相对较小，一般为 16 ～ 50 人	对拥有相同特定兴趣的人开放；可以自主决定是否成为成员；人们可以成为诸如邮件列表、在线项目等特定群体的订阅者或成员；成员数量可以非常巨大，一般为 12 ～ 1000 人
黏合社区的因素	热情、承诺、对群体的认同；个人与群体的关系	获取信息和志趣相投的感觉
例子	协作项目工作、专业组织支持的专业群体、一些在线课程	讨论组、新闻组

虚拟学习社区是具有共同兴趣及学习目的的人们在网络上构建的虚拟学习环境。他们利用多种网络通信工具，进行相互交流、互动、讨论和协作等多种学习方式，共享彼此的观点、思想、资源知识、学习经验和集体智慧，从而促进知识建构和个体智慧的发展，达到学习和促进自身学习能力发展的目的。

（三）虚拟学习社区的理论支撑

虚拟学习社区的相关理论主要包括建构主义理论、情境认知理论、社会互赖理论、接触理论、学习动机理论和群体动力学理论。

1. 建构主义理论

建构主义在总结、批判和继承不同认知学派教学理论的基础上，提出了自己的教学理论和学习理论。

（1）建构主义学习观。建构主义认为，学习是通过学习者与环境的互动来实现的，也就是说学习不是简单的单向输入的过程，而是一个双向的过程，是学习者原有的知识经验与新信息相互作用的结果，是每个学生按照本身已有的经验与知识主动地加以建构，而不是被动地吸收信息。学习是一个无限反复的过程，是一个“同化”和“顺应”的过程，是从平衡到不平衡到新的平衡的过程。学生原有的知识和经验由于新经验的介入而发生调整和改变。由于“最近发展区”的存在，学生通过认知组织建立起自己与周围世界的联系，从自己的原有经验出发，不断挖掘自身潜能，最终实现自身对学习意义的建构。这种“信息传递”的过程是通过学习者的创造性学习来实现的。“情景”“协作”“会话”和“意义建构”是建构主义理论的四大要素。建构主义者认为，知识是学习者在特定的社会文化条件下，借助于必备的学习资料，在教师或学习伙伴的帮助下，通过意义建构的方式最终获得的。

（2）建构主义教学观。建构主义既关注学习者的认知主体，又重视教师的指导作用。建构主义认为学生不是被动地接受知识，而是主动地建构知识。因此，教师在教学中起着主导作用，学生在教学中起着主体作用，教师是意义建构的帮助者、组织者和知识的导航者。教师要充分发挥主导作用，激发学习者的主动性与创造性，发挥组织者的功能，帮助学生分析问题、解决问题，而不是一味地传授与传输。教师要以学生为中心，深入了解学生的学习动向，关注学生的个性差异，指导帮助学生获得必要的知识和经验，使学生在“平衡—不平衡—新的平衡”的反复循环中，丰富自身的知识技能目标、策略目标和情感目标。要逐渐减少外部控制，逐步增加学生自我控制学习的过程，引导学生通过探索、发现、合作等方式进行学习。

（3）建构主义教学模式与传统教学模式的不同。传统的教学模式以“教”为主，是“教师灌输式”，强调“客观主义”和“决定论”。在教学过程中，传统教学观采取教师传授模式，学生的主要任务是消化、理解教师所传输的课本知识。传统教学观过分强调教师和课本的权威性，主要是以个体活动形式完成的学习活动，学生缺乏独立性、自主性思维和判断能力。

建构主义强调以“学”为中心，它突出了意义建构中学生的主体性和自主性。学生是发现信息、主动参与信息加工的主体和知识意义的主动建构者，而教师是学生学习的组织者、指导者和帮助者。学习者的个体差异（知识背景、学习风格、自信心、学习态度、学习动机以及学习观念等）得到充分的尊重和认可，每一项新的学习活动都是动态的，而且与学生已有认知背景直接相关。学习过程不是单纯的知识传递，而是知识的处理和转换。教师的职责是帮助学生在“学”的过程中进行新旧知识的有机结合，重视在教和学的过程中培养学生提出问题、分析问题和解决问题的能力。

综上所述，传统教学模式与建构主义教学模式的区别见表6-2。

表6-2 建构主义教学模式与传统教学模式的不同

类别	传统教学模式	建构主义教学模式
教学目标	认知目标为主	认知目标、情感目标和策略目标
教学内容	以事实、概念和数据为主	以解决问题为导向，真实情景下的真实任务
教学环境	简单，支持个体学习	复杂，支持合作，互动式学习
教学信息	以“教”为中心、教师传授模式	学习者自己去发现、分析和处理

续表

类别	传统教学模式	建构主义教学模式
教师作用	知识的传授者、灌输者	组织者、指导者、帮助者
知识状态	客观的、静止的、确定的	主观的、动态的、情境的
课程观	静态的、固定的课本内容	动态的、松散的、全面的内容
过程控制	以教师的经验为起点，强调结果；以"教"为中心、教师传授模式	建构在学生已有的认知结构上，强调过程；以"学"为中心、自主性学习
学习动机	外在动机为主	内在动机为主
评价	终结性评价；成就测试	形成性评价；终结性评价

建构主义教学理论强调学习过程中学习者的主动性、建构性。从传统的灌输式教学到以学习者主动建构的建构主义教学，这本身就是教学理论的重大变革。这种变革适应了学生在生理、心理、智力、多样性的发展需求与趋势，加快了教学思想和教学理念的更新，因此意义重大。

（4）建构主义理论对虚拟学习社区的指导意义。建构主义理论和虚拟学习社区的构建是相契合的，虚拟学习社区是建构主义理论得以应用的最佳场所，因此，建构主义理论对虚拟学习社区的构建与研究有着重大的指导意义。

虚拟学习社区是以学生为中心的学习。在虚拟学习社区中，学生是学习信息加工的主体，是意义建构的主动者，学习者通过相互交流和沟通，相互支持，从而形成自己的意义建构。

虚拟学习社区和建构主义一样，强调情景对意义建构的重大作用。虚拟学习社区可以为学习者提供具有生动性、丰富性的良好学习情景。

虚拟学习社区在强调情景的同时，还注重协作学习对意义建构的关键作用。在虚拟学习社区中，所有学习者不是依靠个人，而是共同完成知识的意义建构。在这个过程中，虚拟学习社区及其管理者有了为学习者提供多种协作的可能，有利于学习者实现学习资源的网上发布，并同其他学习者一起共同评估学习资源。

虚拟学习社区强调对学习环境的设计。在这种环境中，学生利用博客、小组讨论区、即时消息等信息交流工具和信息资源如文档、数据库、多媒体课件、资料库、网络图书馆等进行自由探索和自主协作学习。

2. 情境认知理论

（1）情境认知理论的基本原理。情境认知理论现已成为促进学习者有意义学习的最重要的学习理论，在促进知识向现实生活情景转化中起着非常重要的作用。情境认知理论认为：知识是一种基于情境的交互活动，是在个体与环境交互的过程中建构的。情景认知与情景学习理论将研究学习的焦点集中在实践共同体里的学习者"合法的边缘性参与"上，是实践共同体基于情境的行动建构。根据情境认知和情境学习理论，理想的学习情景应该是：能够提供真实或仿真的学习环境，以反映知识在真实生活中的应用方式，为学习者理解、观察、模拟和经验互动创造机会，构建学习共同体和实践共同体，促进学习者对学习过程与结果的反思与评价。

（2）情境认知与情境学习理论对虚拟学习社区的意义。可以根据情境认知和情境学习理论进行虚拟学习社区的情境创设，这种情境创设包括认知情境的创设、合作情境的创设和问题情境的创设。可以利用音频、视频、文本、图表和动画等，把学习者置于虚拟情境中，提高学习者的灵活反应能力、实践能力，及自我反思、自我评价的能力。虚拟学习社区可以通过交互工具创设合作学习情境，学习者通过合作的社会交互与知识的社会建构而获得高级认知能力的发展、合作能力的培养和良好人际关系的形成。在虚拟学习社区中，学习者可以根据个人已有的认知图式和学习兴趣，参与问题探索，进行问题讨论，寻求解决问题的方法，通过观察、应用概念工具、分析问题、解决问题，最终形成高级认知能力。

3. 社会互赖理论

社会互赖理论认为，积极的互动源于群体成员积极的相互依存关系，这种积极的相互依赖关系会对成员彼此的学习起到促进作用。如果成员之间存在消极的相互依存关系，如竞争等，对立的互动就会产生，这种对立的互动只会使群体成员互相妨碍，而不是互相支持，在缺少相互依存的条件下，社区成员都是独立工作，良性的群体之间的互动不会产生。

从社会互赖的角度来看，虚拟学习社区中的学习目标的实现依赖于所有学习者彼此间的相互依赖、相互勉励、相互帮助和相互爱护。

4. 接触理论

接触理论倡导群体之间的和谐关系，关注具有个体差异的学生之间的互动与交流，重视社会相互作用的研究。一个简单的机械接触，不能增进学习效果；只有当这种接触发展成为一种协作关系的条件下，有效学习才能够形成。接触理论适合于不同年龄、不同种族、不同性别、不同社会经济地位及不同认知水平的学生在一起学习。

在虚拟学习社区中，采用异质编组的形式，使具有不同的知识结构、思维方式、认知风格、智慧水平的学习者一起学习，可以起到优势互补、各展所长的作用。

5. 学习动机理论

动机通常被定义为激发、引导和维持行为的内部过程，是激励和指引学习者进行学习的一种需要。主流心理学动机理论主要包括期待价值理论、目标理论、自我决定理论和归因理论。

期望价值理论主要包括成功期待、激励价值、成就要求、失败恐惧。“自我效能感”和“效价”是期待价值理论框架中的两个核心概念。自我效能感指人们对自己所从事某项工作能力的主观判断。

目标理论源于需求层次理论。根据需求层次理论，个体的行为由一系列从低到高的“需求”层次所驱动。后来，“需求”逐渐被“目标”所代替，目标设定理论认为目标是引发个体行为的动力，必须设定目标并在选择的基础上，使个体行为得以实现。包含在学习过程中的目标定向理论有两种：掌握定向和表现定向，这两种成就目标定向截然不同。

根据自我决定理论，不同类型的动机之间存在各异的管理模式，最终各种管理模式内化成为一个连续的统一的整体。个体的自我决定意识取决于个体的自主性（行为取决于自己）、能力（认为自己有价值，有成就感）和相关性（与别人的联系甚为密切）。

归因理论强调从特定的动机行为来预测个体在一定学习情境下的潜在学习结果，它是从结果角度来研究动机行为的理论。

虚拟学习社区的合作学习环境从以下几方面激发学习者的学习动机。情境的创设不仅可以满足学习者掌握必备的知识和技能的需求，而且能够满足学习者解决问题的需求；新颖而有意义的协作活动可以引起学习者互动的需求，有效激发学习者的交往动机和成就动机，适时的反馈评价和奖励评价可以满足学习者自我提高的需求。

6. 群体动力学理论

一个人所在群体的整体发展状况决定其个人的发展情况。群体动力学创始人勒温认为改变一个人生活的群体是改变一个个体的先决条件。因此，从群体的角度对大学英语教师专业素质发展进行研究是非常有必要的。

网络信息技术的飞速发展为从群体的角度促进教师专业素质发展提供了技术和工具支持，网络信息平台的研建不仅使教师个体间的关系更加紧密与融洽，而且为教师群体内部的合作以及教师群体知识的发展提供了无限的可能，这就为从群体角度提升高校英语教师专业素质提供了重要的技术支持和保障。

群体动力学研究的要旨是从社会环境的角度出发，寻求和阐释群体行为与群体中的个体行为的产生动力。群体动力的发挥以社会系统为前提，基于群体动力的大学英语教师发展系统是通过模拟社会系统软件的社会交互来实现的。

社会系统可以分成三个层次：个体、全体和系统。这三个层次存在包含关系，其中个体组成群体，群体构成系统。分界线、流程、神经系统、沟通渠道又是每个系统的四个组成部分。

社会系统的关键集中在个体与群体层次。分界线用于区别注册用户与非注册用户，流程主要用来构建一些系统维护功能，神经系统的定制主要是用来应对多样的外部环境，沟通渠道的功能是用于与其他系统的数据交换与交流。

教师可以根据个人爱好、研究兴趣等情况来组建或参与团队，不同年龄段、不同发展水平的教师可以发挥各自的特长，以促进教师专业发展。

（四）虚拟学习社区的重要因素

虚拟学习社区的三组要素：人、目的和规则、过程。

第一，人：创建社区固然需要包括学生和教师在内的实实在在的人，但也包括他们在交流过程中把自己作为真实的个体进行表现的能力。因为已有研究证实，在线学习过程中的社会临场感对社区建立和协作学习具有重要意义，是社区建设的核心要素之一，因而应该作为在线社区中人的关键要素之一。

第二，目的和规则：在网络课程中建立行为准则是群体确定共同目的和目标手段的基础，它不仅包括课程本身，也包括已制定的有关参与和信息分享的指导方针、共同的学习目标，以及参与者对指导方针的遵守。其他影响群体目标确定的因素包括诸如时间（如参与在线学习的时间和时间管理等）等需要实际考虑的事情、小组规模以及营造安全感的能力。

第三，过程：在线学习过程相对复杂。交互和协作是社区发展的关键因素，缺少它们就难有社区。协作活动和团队合作有助于提升班级交流和交互的层级。除此之外，在线学习过程还包括允许反思和主动建构知识和意义的社会建构性情境。

上述因素有机组合就构成了在线学习社区，没有哪个因素比其他因素更重要。它们共同发挥作用，形成支持协作学习、意义的社会建构、转化学习和反思式实践的丰富环境。

（五）虚拟学习社区的主要功能

将虚拟学习社区运用到大学英语教师发展研究的主要原因如下：

第一，人们学习的大部分的知识来自非正式教育。虚拟学习社区通过网络为教师学习提供了合作、学习交流的空间，扩大了教师学习的时空，从而有利于教师的终身学习。

第二，有利于隐性知识的获得。隐性知识的获得有其自身特点，通过传统的正式教育和培训很难获得，通过独立的在线学习也不容易获得。而虚拟学习社区中教师与专家、教师与教师之间的互动交流使教师隐性知识的传递和共享成为可能，这种可能有利于教师认知能力和元认知能力的提高，从而推动教师专业素质的提高。

第三，整合大学英语教师专业发展的多种途径。在构建面向大学英语教师专业素质发展的虚拟学习平台时，要有体现教师教学讨论、教学专题类研讨活动、优秀教师教学展示活动、开展教研组活动等功能。而目前一些网络平台只提供课程资源的共享功能、教学科研论文的下载以及论坛功能，尚未将教学研究专题活动、优秀教师教学展示活动、专家评价活动等整合到一个平台上，不利于大学英语教师专业素质的发展。

第四，在线学习与虚拟社区的结合。在线学习和虚拟社区的有机结合构成了虚拟学习社区，虚拟学习社区比在线学习和虚拟社区目的性更强。在线学习和虚拟学习社区的不同之处在于：在线学习的聚焦点是学习内容，而虚拟学习社区关注的是教师与教师、教师与专家之间的互动与交流。虚拟社区只有和新的学习模式相结合才能称其为虚拟学习社区。社区成员的第一要素和共同兴趣就是学习，参与者均是社区成员并且承担一定的角色，如管理者、学习者、指导者、助学者等。社区成员资格取决于学习环境、社区类型和目标。虚拟学习社区还意味着学习不仅仅要注重学习结果，还更加注重学习过程。学习者可以选择适合自己的如小组学习、元认知学习等形式多样的学习方式。综合以上各种因素，虚拟学习社区的学习过程可以界定为基于一定的教学策略，学习共同体通过网络虚拟媒体空间而进行的交流与合作学习。

第五，虚拟学习社区中社交真实感的技术支持。基于已有的虚拟学习社区的研究，网络信息技术是在线用户的高级社交媒介，社区成员可以通过异步文本信息表达交际情感。但学习社区所具备的强大的凝聚力及社区认同感，仅仅依靠技术还远远不够，这种强大的凝聚力和社区认同感还需要指导者和设计者为学习者创造真实的或接近真实的社交环境。

一个理想的虚拟学习社区包括的关键功能主要有四个：第一个功能是提供能够实现知识共享的学习环境，称作协作服务；第二个功能是帮助学习者利用和分析学习社区中的相关信息，称作发现服务；第三个功能是为获取知识提供知识管理功能，称作知识库；第四个功能是为知识分类提供模式和图解，称作知识地图。

虚拟学习社区的构建需要包括下列工具，见表 6-3 所示。

表 6-3 虚拟社区构建所需工具

Web 浏览工具	可达性、安全性、多媒体和书签
异步共享工具	电子邮件、新闻组、文件交换、公告牌等
同步共享工具	白板、同步对话、应用共享、小组空间、虚拟空间、视频会议、远程会议等
课程工具	课程计划、课程管理、课程监控、课程修订等
学习者工具	自我评价、学习动机提升、学习技能提高、进度跟踪等工具
数据工具	在线标注、分析与跟踪、记录管理等
课堂工具	教学设计、测验、内容展示等
系统工具	认证工具、资源监控、安全工具、故障恢复工具、远程访问工具等
资源工具	资源搜索、智能代理和信息挖掘等工具
帮助工具	教师支持工具、学习者支持工具等

二、网络环境背景下英语教师专业发展的建议

网络环境下英语教师的专业素质总体发展水平一般，这样的结果会影响大学英语教学改革的推进与大学英语教学质量的提高，所以非常有必要结合前人的相关研究成果，探索网络环境下大学英语教师的专业素质发展策略。

网络环境下影响大学英语专业发展的因素比较复杂，既有教师的自身因素，也与学校环境与社会环境等外部因素有关，所以促进大学英语教师专业素质的发展需要从多方面考虑。促成优秀外语教师专业发展的因素主要是由内因与外因组成。内部因素包括教师的自身因素、对教师职业的热爱和专业自我发展的强烈意识；外部因素包括整体大环境、专家教师的榜样示范影响和积极向上的学校教学环境。内因在英语教师专业发展过程中起着根

本性作用，外因是条件，作用于内因，对内因起着形成性和诱发两个作用，内因与外因有机结合共同促进外语教师专业素质的发展。基于大量的促进教师专业发展的研究文献分析，总结出七个方面能够有效地促进教师的专业发展：①教师要掌握与提高学科专业与教学法知识；②促进教师之间的团队合作与共同参与；③教师的发展与培训要基于学校环境，"嵌入"教师的日常教科研工作中；④教师专业发展需要持续不断地跟进与支持；⑤基于教师的实际需求促进教师的专业发展；⑥要对教师专业发展实施有效的评价；⑦教师专业发展需要充足的时间与其他资源保证。

对于教师的专业发展而言，短期集中培训和行政要求下的教研并不是最好的方式，存在许多问题。由于教师的学习具有整体性、缄默性和情境性等特征，校本教师专业发展和学习对于教师的专业成长具有独特作用。换言之，教师更需要的是基于日常工作的、自我启动的、既有外部专业支持又有内部同行相互帮扶的校本学习。网络环境下英语教师专业发展可以从情境支持、自主发展、合作平台、评价体系四大维度提出具体的建议。

（一）情境支持

要促进教师专业素质的发展，需要良好的情境支持。教师专业发展的情境涉及国家与学校的教育教学改革政策、规章制度，管理者的重视程度与领导能力，教师专业素质发展所需的外部资源与教师的发展需求。良好的高校教师发展制度是保障教师质量、进而提高高等教育质量的必然要求。教育信息化是当今世界教育发展的整体趋势，引起了国家的高度重视，为网络环境下大学英语教师专业素质的发展提供了制度保障。

第一，建立大学英语教师专业发展机制。网络环境下大学英语教师专业素质结构的跨学科特点对教师提出了很高的要求和挑战，因此非常有必要在全国建立一个能够促进教师专业素质提高的良性发展机制，能够使教师根据自身情况不断地学习、知识不断地更新，从而达到促进教师终身学习的目的。能够促进教师专业发展的三个机制：一是外语院系单位领导与教师共同建立的教师专业素质发展机制；二是外语院系建立的教师实践或学习共同体机制；三是基于教师发展需求的、与外语教育研究前沿领域接轨的短期培训机制。教育主管部门和相关高校、机构共同努力，在对网络环境下大学英语教师专业发展研究基础上，构建促进网络环境下大学英语教师专业发展的机制，形成促进大学英语教师专业发展的制度保证，为大学英语教师专业发展的制度化、规范化和可持续性创造条件。

第二，建立大学英语教师专业发展的培训机制。在建立一个促进网络环境下大学英语教师专业发展的机制基础上，教育主管部门、高校、相关组织与机构在对全国大学英语教师专业发展内在需求调查分析的基础上，建立全国大学英语教师专业发展的培训机制。高校英语教师专业素质培训应当加强针对性和实用性，强化帮助扶持的功能，多做教师需求调查，多做教师参与性、反思性、研讨型、交流互助型培训，多为教师谋发展、找出路，指导他们做自己应该做且能够做的研究，这样的教师培训必须是为一线教师度身定做的，由富有教师培训经验的专家设计活动选材、选法、选人。在这个培训原则的指导下，在培训人员上，要选择具有多年英语教学实践经验的、懂得把现代外语教学理论与教学实践结合的、比较精通计算机与网络的专家。

在培训内容上主要设置三个培训模块，分别是提升专业素质发展理念模块，丰富专业知识模块，增长专业发展能力模块。在培训模式上主要基于虚拟学习社区的培训模式，以教师专业素质发展平台为依托。在培训方式上注重理论与实践的有机结合。同时要突出大学英语教师专业素质在培训机制中的核心地位，以大学英语教师专业素质解读为主线，有针对性地加强对大学英语教师专业素质内涵的理解和把握，以提升教师的教育教学设计、实践能力和教科研能力为重点，聚焦学术前沿、课堂教学的改革，以案例以及主题研讨活动为载体，以教师专业发展为中心，将学术前沿、先进教学理念落实到教学行为的改进和教学科研质量的提升中。

第三，学校给予全方位的支持。学校是教师专业素质发展的主要场所，学校领导、各职能部门都应高度重视大学英语教师专业素质的发展，提高对大学英语教师专业发展的共识，制定相应的发展政策，拓展发展的途径，优化发展机制，关注发展实效，评价发展状况，实现大学英语教师专业素质稳定高效的发展。首先，学校领导要高度重视高校教育教学与教师专业素质发展的信息化工作，提高教育信息化管理的领导能力，树立正确的信息化教育观，加大宣传力度，努力营造气氛，使广大教师意识到信息化教育的重要性；其次，制订学校信息化发展规划，完善高校教育教学与教师专业素质发展的信息化的规章制度，使现代教育技术培训规范化、制度化与系统化；最后，建立教师专业素质发展的激励机制，激发教师参与专业素质发展的积极性与主动性。除此以外，还要加大政策支持与资金投入，加强校园信息化环境与教师专业发展网络平台的建设。建立教师教育技术能力的校本培训机制，鼓励教师通过国内外访学、进修、攻读学位等方式促进专业素质的提高。努力构建基于学校的学习型组织，营造和谐、宽松、合作、共同进步的校园文化环境，为教师提供专业自主发展的空间。

（二）自主发展

与教师培训显著不同的是，教师发展更强调教师的自主性、自发性与自觉性，要求教师具有强烈的发展动机。内因在优秀外语教师专业发展中起决定性作用。外语教师专业发展的内在动力是教师的自主发展意识与能力，这种意识与能力是保持教师可持续发展的源泉。教师的发展愿望和反思实践能力是成长的动力。教师的自主专业发展是教师在专业发展过程中所具有的自主专业发展意识、行为与能力，具有较强自主发展意识的教师能够关注自己的专业发展，对自己专业素质发展负责，能够根据自身的专业发展现状制订专业发展规划，选择合适的学习资源，自觉主动地开展学习，实时监控自己学习与专业发展状况，客观地对自己的学习与专业发展状况进行有效评价。英语教师能够意识到自主发展的重要性，但缺乏专业素质发展规划，忽视自主学习的价值与团队合作的力量，缺乏自我反思的意识与基本的科研素养。教学反思与行动研究是在职大学英语教师专业自主发展的核心与有效途径。

1. 培养教师教学反思能力

反思教学是教师对教学过程中所遇到的问题进行思考与内省的过程，通过思考与内省找到解决问题的策略与方法，以达到教学质量、学生素质、学业成绩、教师专业发展的提高。教学反思是教师发展的关键因素，是促进教师自我发展的有效途径。反思能力是衡量优秀外语教师素质的一个关键因素。反思教学不仅仅是教师的内省互动，更是教师全面了解自身教学状况与专业发展的必备能力，也是对自我、对教学与对自我专业发展进行主动规划、实施、监控、评价、反馈与调节的能力。反思教学的内容可分为两部分：一是对大学英语课堂内外教学的反思，即对教学活动的内容、对象、过程等进行计划、观察、评价、反馈、调节的能力；二是对自我专业发展的反思，即对专业发展活动的自我规划、实施、监控、评价与调节能力。大学英语教师可以通过教学日志（纸质日记、博客、微博、微信等）、撰写教学报告、同行听课、教学录像（微格教学、微课）、课堂观察、访谈、调查问卷等方式反思自己的教学与专业发展。促进教师反思教学的策略包括教师发展小组、批判的诤友和概念图。

2. 鼓励教师开展行动研究

教学行动研究可以界定为一线教师为解决教学过程中遇到的实际问题、提高教学效果而采取某种新教学措施的研究。"行动"是行动研究的核心，既是手段，又是最终目标，它不是一般意义上的行为，具有目的性、理据性、监控性与反思性等特点。行动研究的五个典型特性：当下性、参与性、真实性、反思性与应用性。行动研究是一种自我反思的研究，将理论和实践联系在一起，即在行动中产生认识。教学行动研究能够使教师的教学与研究有机结合、融为一体，不仅能够增强教师对整个教学过程的自我意识，提高分析教学问题、解决教学问题能力以及自我评价的能力，而且有利于促进教师的教学理论与教学实践的有机结合，形成以教学理论指导教学实践、以教学实践检验并发展教学理论的更新机制，从而有效地促进教师的专业素质发展。行动研究的全过程包括内圈与外圈，内圈包括四个环节，分别是：①聚焦问题；②提出（解决问题）方案；③实施方案；④评价成效。以上四个环节组成一个循环往复的循环链，使教学与研究相互促进与发展。外圈主要包括三种活动，分别是：①向书本学习，即阅读相关文献；②向他人请教，即向周围人学习；③教师自我反思。这三种活动渗透在行动研究的整个过程，在不断阅读相关文献、向有经验的同行请教与自我反思的基础上对内圈四个环节做出恰当的调整。

同时，激发教师的专业自主发展意识、提高教师的专业发展能力，需要培养教师的教学效能感。教师自我效能感是教师对自己教学能力与专业发展能力的认知与信念，是教师自主发展的重要内在动力机制，对教师的专业自主发展起着关键性作用。教师自我效能感是教师增强专业承诺的重要内驱力，教师产生自主工作动机的内在原动力，是影响教师教育行为和教育有效性的重要中介，是教师身心健康与个人幸福的重要影响源。以教师自我效能感形成的信息源为基础，分析影响教师自我效能感的因素，从学校与教师两个层面提高教师的自我效能感，进而提高教师的专业自主发展能力。

（三）合作平台

促进教师之间的合作和共同参与能够有效地促进教师的专业素质发展，所形成的教师专业学习共同体能够激发教师的自主专业发展意识，使教师相互之间就各自专业发展过程中遇到的问题相互交流与讨论，并为教师的专业发展提供良好的氛围。教师合作是教师之间组成团队，通过交流经验、提供反馈、支持与协助等形式改进教学、促进教师专业发展的过程。教师合作能够激发教师的发展意愿，促进教学与科研能力的提高，促进教师的可持续性发展。在单位中构建的教师实践或学习群体对教师专业成长有着强劲的推动作用。网络学习社区能够激发英语教师的自主发展意识，对教师自主发展具有非常大的推动作用。作为教师专业发展的组织形式，不仅能为教师的专业发展提供一个很好的专业平台，同时教师也可以通过参加合作、共同分享、相互交流的方式促进自己的专业发展，是教师专业发展的重要途径。

通过创建教师发展网络学习平台，构建教师专业学习共同体，参与实验研究的英语教师专业素质都得到了提高。在教师专业发展网络学习平台建设过程中要注意五个方面：①科学定位，紧紧围绕网络环境下大学英语教师专业素质这一核心主题；②基于大学英语教师专业发展的真实发展需求，合理设置内容模块；③平台建设要处理好教师的实践性知识和理论性知识，不仅要重视理论性知识的呈现，而且要加强实践技能的引导；④提供一种交互环境，建立良好的网上教师交流互动平台，使实时交互和非实时交互有机结合；⑤创建课题空间，通过行动研究，解决教师专业发展中的实际问题。

网络合作学习的步骤为：①建立教师网络学习共同体；②平台培训，熟悉要求；③划分小组，明确目标；④自主学习；⑤组内讨论；⑥小组成果汇报；⑦小组互评。

参考文献

[1] 拜晋慧．新媒体环境下大学英语教学模式探索 [J]. 河北广播电视大学学报，2017,22（6）:87-89.

[2] 陈华忠．重视共同体构建促进教师专业发展 [J]. 教书育人，2018（20）:44-46.

[3] 陈仕清．英语教师专业发展新路径 [M]. 南宁：广西教育出版社，2012.

[4] 崇斯伟．浅谈促进大学英语教师专业发展的行动研究 [J]. 海外英语，2016（8）:58,61.

[5] 崔媛，周德锋．人工智能时代高职英语教师专业发展机遇、挑战及策略探讨 [J]. 办公自动化，2022,27（4）:39.

[6] 付琳芳，郭晓燕．当前英语教师专业发展的现状与对策研究 [M]. 长春：东北师范大学出版社，2017.

[7] 郭敏．裂变、创新、契合点："互联网 +" 时代高校英语教师自主发展研究 [J]. 前沿，2019（5）:125-128,136.

[8] 黄雨．"互联网 +" 背景下的高职英语教师专业能力发展探讨 [J]. 海外英语，2020（1）:96.

[9] 李安娜．"互联网 +"背景下大学英语教师角色定位探究 [J]. 黑龙江高教研究，2018（12）:100-103.

[10] 李翠平．"互联网 +" 背景下大学英语教材的数字化建设 [J]. 出版广角，2017（16）:76.

[11] 李伟．教育信息化背景下高校英语教师专业发展研究 [J]. 大众标准化，2020（23）:73.

[12] 李晓旭．大学英语教师专业发展探析 [J]. 柳州职业技术学院学报，2016,16（2）:26-31.

[13] 廖萍，孔晓明．大学英语教师专业发展研究 [J]. 教育与职业，2015（9）:54-56.

[14] 刘悦淼，王倩．通过有效教学反思模式促进专业发展现状的调查分析 [J]. 外语学刊，2017（5）:78-82.

[15] 苏丽靖．大学英语教师专业发展的困境、理念与实践路径 [J]. 现代教育科学，2022（2）:117.

[16] 孙静．大学英语教师专业发展探析 [J]．教育理论与实践，2013,33（24）:19-20.

[17] 王桂祥．谈大学英语教师教学日志的撰写 [J]．考试周刊，2012（93）:82.

[18] 王建红．"互联网 +"模式下高职英语教师专业发展研究 [J]．管理观察，2019（22）:154.

[19] 王理．"互联网 + 教育"背景下高校英语教学策略研究 [J]．教育理论与实践，2021,41（15）:56-58.

[20] 王丽丽，杨帆．"互联网 +"时代背景下大学英语教学改革与发展研究 [J]．黑龙江高教研究，2015（8）:159-162.

[21] 吴洁．大学生心理健康素养培育的实现路径 [J]．岳阳职业技术学院学报，2021,36（3）:22-26.

[22] 徐玉苏，陈明瑶．"后方法"时代大学英语教师专业发展的叙事探究 [M]．杭州：浙江工商大学出版社，2017:209.

[23] 杨雨桦．试论"互联网 +"背景下大学英语网络课程建设中的问题与对策 [J]．福建茶叶，2020,42（2）:226.

[24] 俞娟．大数据时代背景下大学英语教师发展新探 [J]．安徽文学：下半月，2018（4）:130-131.

[25] 赵杰，刘歌红，杨璐．大学英语教师专业发展的基本内涵及其促进策略 [J]．东北师大学报（哲学社会科学版），2018（2）:161-165.

[26] 赵珊珊．"互联网 +"背景下高校英语教师媒介素养发展途径探讨 [J]．湖北开放职业学院学报，2022,35（4）:167.

[27] 赵霞，李敏，赵丽娟，等．互联网 + 新媒体背景下高校英语教师专业发展的研究 [J]．明日风尚，2018（6）:214.